王志康与阿里巴巴集团创始人马云合影

王志康与联想集团有限公司
董事局名誉主席柳传志合影

王志康与四川新希望集团
董事长刘永好合影

王志康与大连万达集团股份有限公司
董事长王健林合影

王志康与华远地产股份有限公司
董事长任志强合影

王志康与TCL集团董事长兼
CEO李东生合影

王志康与《美元危机》作者
理查德·邓肯合影

王志康与世界著名演说大师
博恩·崔西合影

王志康与世界著名谈判大师
罗杰·道森合影

王志康与《富爸爸　穷爸爸》作者
罗伯特·清崎合影

王志康与世界著名激励大师
约翰·库缇斯全家合影

王志康与（2005年中华十大财智人物）
梅德辉先生合影

王志康与"中国首善"陈光标合影

王志康与世界华商投资基金会
主席李农合合影

王志康与新东方教育集团董事长
俞敏洪合影

王志康与泸州老窖股份有限公司
董事长谢明合影

王志康与蒙牛集团创始
人牛根生合影

王志康在8750部队
侦察连的日子

王志康与《胡润百富》
创刊人胡润先生合影

王志康与万通控股董事长冯仑合影

王志康与中国著名风险投资人吴鹰合影

王志康与瑞士银行中国区
主席李一合影

王志康与远东控股集团有限公司
董事局主席蒋锡培合影

王志康与泰康人寿保险股份有限公司
董事长陈东升合影

王志康与依文集团
董事长夏华合影

王志康与新加坡成资集团总裁
陈宝春合影

YANSHUO CHUANGZAO QIJI

演说创造奇迹

王志康 著

中国言实出版社

图书在版编目(CIP)数据

演说创造奇迹 / 王志康著. --北京 ：中国言实出版社，2013.11

ISBN 978-7-5171-0254-0

Ⅰ．①演… Ⅱ．①王… Ⅲ．①演讲－语言艺术 Ⅳ．①H019

中国版本图书馆CIP数据核字(2013)第268138号

责任编辑：周　晏

出版发行 **中国言实出版社**

地　址：北京市朝阳区北苑路180号加利大厦5号楼105室

邮　编：100101

电　话：64966714（发行部）　51147960（邮　购）

　　　　64924853（总编室）　68581667（编辑部）

网　址：www.zgyscbs.cn

E-mail：zgyscbs@263.net

经　　销　新华书店

印　　刷　三河市九洲财鑫印刷有限公司

版　　次　2014年7月第1版　2014年7月第1次印刷

规　　格　787毫米×1092毫米　1/16　16.5印张

字　　数　165千字

定　　价　35.00元　ISBN 978-7-5171-0254-0

自　序

　　小时候，我只是一个捣蛋大王，后来我成了一名优秀的特种兵，而如今，我已经是一名成功的特种兵演说教练。从业的时间越长，我的感受越深刻，演说并不像我们想象得那么简单——上嘴唇碰下嘴唇，话语就脱口而出，甚至被很多人视作是比死亡还恐怖的事情。

　　我曾经也认为演说很难，在培训的过程中，我得知太多的人在开会发言时紧张不已、大脑一片空白，在公众面前演说时心跳加速、词不达意，在与陌生人交谈时找不到话题，张口结舌，在与客户谈判时思绪混乱，准备好的说辞忘得一干二净……

　　只是，演说真的有那么难吗？

　　曾经我是一个连普通话都说不好的人，而如今我已经成为备受学员青睐的特种兵演说教练。同时，我也很高兴地看到越来越多的学员通过我的课程找到了演说的金钥匙：我看到原本非常内向、一见陌生人就脸红的学员变得大胆、自信，能在公众面前侃侃而谈；我看到原来从来没有说服过客户、销售业绩为零的学员经过我的演说特训营在一年内从业务员成为业务经理；我看到本来沉默寡言、畏首畏尾的打工仔经过我的特种兵演说训练营变得勇敢，最终白手起家成为百万富翁……

　　演说其实并不难。当你能突破自己内心的恐惧时，你还有什么好害怕的呢？当你接受自己的不完美时，你还有什么放不下呢？当你发掘出自己的潜能后，你还有什么做不到呢？当你具备了坚强的意志和超强的抗压能力之后，整个世界都是你的！而这些，就是我的特种兵演说训练营正在做，并且将一直做下去的事情。

原本，我并不相信这世间有奇迹，但每当我看到那些徘徊犹豫的人走出我的训练营时能舌灿莲花，看到那些畏首畏尾的人走出我的训练营后能自信胆大，我对此便深信不疑：演说绝对能创造奇迹！并且，我亲身的经历告诉我，每个人都有成为演说大师的可能，只是你一直因逃避而没有去发掘它！

很多的人在竞职竞岗中因口才不佳而与千载难逢的机会擦肩而过，很多人因演说能力差而无法成为一个魅力十足的领导，但是大多数人仍然在徘徊、犹豫和等待，他们仍然在深受其害的同时不能下定决心做出改变自己的事情来——例如走进我的特种兵训练营突破和改变自己。

人生能有多少个机会经得起你一再错过？你又能承受得住多少次挫败呢？既然已经认识到了问题的症结所在，那为什么不从现在开始改变呢？这个世界正在发生改变，如果你还将自己束缚在旧有的藩篱中，则很有可能在发展中败下阵来，甚至面临被淘汰出局的悲惨境遇。

市场上形形色色的演说培训机构那么多，为什么要选择特种兵演说训练营？特种兵是一个高水准的品牌，我们每一个人都需要学习特种兵所具备的信念，每一个企业都应该打造特种部队的执行力和凝聚力。特种兵的信念和执行力加上演说者的个人魅力以及演说的技巧和方法，你还会担心自己无法创造奇迹吗？你还会担心你的企业无法创造奇迹吗？特种兵演说训练营的每一堂课都是精益求精、好上加好的精华，我希望参加到其中的每一个人都能够有所收获，有所成就——这就是我作为一个特种兵演说教练最大的愿望。

让更多的人从我的特种兵演说训练营中受益，将特种兵的正能量传递给每一个人，这是我的责任和使命；用特种兵的精神激发出每一个人的潜在能量，让更多的人变得优秀，让更多的企业变得卓越，让特种兵的演说走遍全世界，这是我的梦想。当然，不是所有人都有机缘和条件走进我的训练营，这也是我创作本书的原因。

在本书中，我结合自己的教练经历为大家详细讲述了演说的方法和技巧，这是我特种兵演说训练经验和课程的最高机密，但现在我将其全部奉献给每一个渴望让自己走上事业巅峰、体会演说奇迹的朋友。

只要相信，期待就会成真！如果你真想改变，就请你花一点时间研读此书，虽然我不敢保证您读完此书就能够能言善辩，但最起码这是一个良好的开端，只有你相信它、深入它、践行它，你才能亲眼看到自己的改变。要知道，演说能创造奇迹，而奇迹就发生在你我身边。

王志康

2013年11月于春城昆明

目　录

第一章　一场无腿人的演说
——立志终生从事演说事业

人生总是充满着许多的偶然性和必然性，一场无腿人的演说让我终于找到了自己的目标和方向，从此我立志要将演说当成我毕生奋斗的事业。我的人生从这个时候开始，便有了光明的前途和坚定的信仰。

第二章　世界最伟大的演说大师
——征服世界的超级演说家

世界级的演说大师们各有各的精彩，他们用自己的才华和智慧点亮了整个世界。我们的生活因为有他们的存在而变得丰富多彩，这些超级演说家们用他们的心血和激情让我们懂得了什么才是真正的智慧、什么才是真实的生活。

第三章　公众演说的7大好处
——演说创造生命奇迹

　　演说具有非凡的魅力和正能量。成为一名超级演说家不仅可以将自己的人生经历分享给更多的人，而且演说也是我们实现自己人生价值和意义的一个有力渠道。我们能在演说中建立起自己的自信心，为自己赢得人生中重要的发展机会，结识合适的合作伙伴。演说能使我们在提高自我魅力和声望的同时，打造完全属于自己的发展平台，让自己一步一步地走上事业的巅峰，体会完美的人生。

第四章　演说前的7大准备
——讲台就是战场，不打无准备之战

　　演说台就等于是演说家的战场，既然是上战场，就不能打无准备之仗，所以演说前的准备就显得至关重要。演说前要充分做好以下准备：情绪上的准备、精神上的准备、态度上的准备、体力上的准备、对听众需求的准备、具体演说内容的准备和熟悉会场的准备。这些演说前的准备工作相辅相成，缺一不可，如有一方面没有准备到位，就会使演说的效果大打折扣。

第五章　演说前必须回答的6个关键问题
——要征服听众，先征服自己

　　演说家要想帮助和影响别人，首先要建立自我强大的内心体系，要在征服听众之前先征服自己。要想成为超级演说大师，我们就要来回答6大问题：你是谁？为什么听你讲？你要讲什么？你讲的对听众有什么好处？如何证明你说的是真的？听众为什么听了你的演说就要采取行动？如果能将这6大问题说清楚、

讲明白，那么我们的内心就不会再有恐惧和不安，当我们站在演说台上的时候，就会用自信和实力来吸引听众，赢得人生。

第六章　魅力演说的6个重要规则
——演说大师的独家智慧

　　一场精彩而出色的演说就是一次演说家的真人秀。我们不仅要秀出演说家的智慧和风格，也要秀出演说家的风采和口才。在整个演说过程中，在全场起到主导作用的就是演说家。所以，我们要从声音、语速、语言、表达能力、幽默感、故事情节等方面来提升我们的现场人气，赋予演说强烈的个性和活力，将我们全部的思想和精力投入到演说中，在获得听众的信任的同时激发出听众的热烈情绪。这才是演说家的真正智慧所在。

第七章　超级演说家如何设计演说内容
——内容过硬，才能赢得听众

　　无论是眼神还是语气，都是为演说内容服务的。只有演说内容过硬，我们才会真正获得听众的认同和喜爱。超级演说家都会对演说内容进行独特的设计。这是演说中的一种技能，它包括：明确演说之后想得到什么结果，针对每个观点设计三个故事，让听众有参与感地回应，设计针对听众有可能产生的反对意见，如何设计开场白和如何设计演说结尾。这6个设计演说内容的方法，是很多演说家的经验之谈。

第八章　成就超级演说家的关键性细节
——演说是细活，每个细节都不能忽视

　　细节决定成败。对于演说家来说，更是如此。在演说过程中，任何一个细节的疏忽都会导致整个演说的失败。我们不能让那么多人、那么多天的努力就因为一个小细节而付之东流。因为我们是演说家，我们要比任何人都注重细节的完美性。简单地说，演说是由各种不同的细节组成的。每一个细节都是非常重要的组成部分，有了完美的细节才会有成功的演说。

第九章　超级演说家的6大禁忌
——这些错误让演说功亏一篑

　　每一种职业都有自己的禁忌，演说也不例外。这些禁忌对于演说家来说是必须回避的，否则就会让我们的演说功亏一篑，也让我们无法成为超级演说大师。哪怕我们在演说中触犯了其中一条，都可能毁掉我们辛苦准备的演说。

第十章　演说不成功的7大原因
——你离演说成功只差一步

　　每个演说家都会遇到事业的瓶颈期，在这个期间我们会对自己所从事的演说行业产生疑问。我们觉得自己已经很努力了，每天也都过得很辛苦，但我们就是没能成为演说大师，我们离成功似乎就是差了一步。这个时候，我们需要的不是急功近利，而是静下心来认真地想一想：我们演说不成功的原因到底是什么？

第十一章　演说大师就是学习大师

——演说没有终点，学习力决定演说力

一个优秀而成功的演说家就是一个能不断吸收新知识，并且不断更新自己的人。因为演说对于我们来说没有最好，只有更好。我们在不断向世界级的超级演说大师学习的同时，也应向身边的人们学习。学习能力就是演说能力，更是演说成功不可缺少的动力和基石。所以，演说就是要不断地学习，学习使我们的演说更加完美。

第十二章　人人都是演说大师

——时刻准备，登上人生的演说台

站在人生的演说台上，每一个人都有可能成为自己的演说大师。因为在人生的演说台上，没有演说家和听众的区别，也没有普通人和演说大师的区别。我们要做的就是时刻准备着，登上人生的演说台，成为自己思想的传播者。我们不但要成为出色的演说者，而且要在生活的大舞台上，发出自己的声音。

引子：从捣蛋大王到特种兵演说教练

每一个人的成长过程都充满了偶然性和必然性，我的成长也不例外。我从一个小时候的捣蛋大王，成长为一名特种兵，进而成为一名特种兵演说教练，这期间我经历了许多的波折和坎坷，也锻炼了我坚强的意志和非常强的抗压能力。最重要的是我找到了一种属于我的人生价值。

父亲在我的心中是非常重要的人，因为我是家中五个兄弟姐妹中最小的儿子，所以从小就最得父亲的宠爱，也最调皮捣蛋。母亲每一次去割谷子的时候，我都会跟着去，然后想一些办法和她捣蛋。还有，我不喜欢父亲抽烟，就把他的烟都偷出来，让他找不到烟抽。我的父亲是一位学校校长，他不仅将父爱都给了我，而且也将他的严厉都给了我。在我上小学的时候，父亲就开始手把手教我写毛笔字，对我的要求平时就非常严格。

我生性调皮，经常惹是生非，还和老师打过架，因此学习成绩十分不理想。小学读了九年，好不容易考上初中，却没有考上高中，最后在父亲的支持下，自费读了高中。文理分科后，我为了上大学选学了美术，由于底子不好，我只能通过上学费高昂的补习班来提升美术水平，成为不折不扣的花钱机器。

临阵磨枪，不快也光。在经历了一段时间的疯狂学画之后，我的美术专业水平提升得很快，阻碍我进入大学的只剩下我的文化课水平。当高考成绩下来的时候，我十分吃惊：除去艺术类院校可以不学的英语，总分500分的高考试卷，我只得了可怜的127分，与理想中的大学擦肩而过。

高考落榜之后，我的许多想法都产生了很大程度的转变。以前我是一个败家子，就知道花钱，而且是一个"衣来伸手，饭来张口"的人。高考落榜后复读的时候，我逐渐感觉到了父母对我无私的疼爱，以及父母支撑这个家的艰辛。于是我变得勤快而努力，好学而肯学。如果我按照这条道路努力下去，那么第二年的高考我一定会金榜题名，实现我的大学梦。

世界上一个不变的事情就是无法预知的未来。正在我全力以赴准备着第二年继续高考的时候，父亲却突然之间生了一场大病，而父亲的这一场病改变了我整个的人生。父亲生病之后，非常担心没有人能够管住我这个捣蛋大王，所以他与母亲商量，让我去当兵。

来招兵的部队干部对我说："当兵就当侦察兵，侦察兵都是最优秀的士兵，而特种部队里的侦察兵更是优中选优的。"一般来说，部队在选择侦察兵的时候喜欢要两种士兵：一种是学习武术的，攻击性很强；一种是学习体育的，身体素质好。因为从小我就调皮、捣蛋，所以在无意间练就了过硬的身体素质，顺利地进入到侦察连的新兵连，开始了为期三个月的新兵训练。

至今我依然能够清晰地记得新兵连连长第一次给我们训话时的情景，连长说："我们的部队是师里的拳头卫队，所以我们必须做到军事素质过硬、思想觉悟过硬、身体素质过硬。总之，我们的部队是最能够打胜仗的部队，我们是最过得硬的士兵。"

后来我才知道，几乎所有的突发事件都是我们侦察兵的任务，剿灭犯罪分子，平息地方暴乱，抓获贩毒分子，等等。维护社会治安，保证国家安全，保护人民群众的生命和财产安全就是一个特种兵的全部光荣使命。正因为如此，特种兵的训练就更加严格甚至非常残酷，每一年我几乎是全年无休地不停训练。普通的部队只需要训练6个月就可以了，而特种兵则要训练9个月。

　　在多出来的3个月时间里，特种兵要进行一种叫野战生存的训练。野战生存，听起来就很残酷，极其考验人的野外生存能力。有时候只给你发一把伞兵刀，有时候只让你带一盒火柴，或者其他你可能用得上的东西。除此之外，不给任何食物，就这样让你在野外生存指定天数。在那种环境下，特种兵必须学会生吃野味，运气好可能是野兔、野鸡，运气不好就可能是田鼠、青蛙、蛇或者其他难以生咽的东西。这些东西经过烹制，都是现代人餐桌上的美味，可是生吃就是另一种滋味。这种野外生存极限的训练，锻炼了我今天的意志，也给了我一副好胃口。

　　另外，还有枪支拆卸训练，这对于特种兵来说是家常便饭，不熟悉枪支的特种兵就不是合格的特种兵。训练时要求我们在几秒钟内，将拆成零件的枪支拼装起来，并开火射击。这种能力不是短时间内可以练成的，需要反复磨练才能形成对枪支的敏感触觉。枪是冰冷的钢铁，可手掌是肉长的，长期反复拆枪装枪的过程，让我的手掌上布满了老茧。

　　至于散打、越野等常规训练，对于特种兵来说更加不值一提。我们每周六、周日都要进行散打对抗，都是真打，掌对掌，腿踢腿，下下用劲，次次着肉，容不得半点手下留情。越野是五公里越野，这个在其他部队也有训练，只是我们的训练是计时的，一天三次，还需要全程保持高速，相当锻炼人。

　　当时，我是我们班军事素质最好的一个，也就是班里的尖兵，所以班长对我的要求近乎于苛刻。平时跑步的时候，班里其他人都是空着手跑，而我每次都要背着两条枪，手里拿着一条枪跑。我特别想不通，凭什么我就非得比别人多受折磨啊！但是，服从命令是军人的天职，不管我是否理解班长的用意，都必须不折不扣执行命令。

　　逐渐的，我理解了班长对于我的严格要求，他是想让我好上加好，让我成为特种兵中的特种兵。我在当特种兵的时候，除了每天有5公里的负重奔袭之外，还要完成很多次的高空速降，就是我要爬到二十米高的地方，然后抓紧一根绳子，迅速地降落到地面上。反复训练的过程中，手掌多次被绳子磨破甚至是磨烂。即便如此，我也没有放弃训练，始终保持着班里尖兵的位置。

军旅生涯中，有一件事情让我刻骨铭心。有一次，我和一个战友在练习搏击，他一脚就踢在我的大腿根上，当时并没有特别的感觉，继续训练之后突然腿就不能动了。训练结束后，我去医院检查，结果是骨膜炎，医生要为我进行截肢手术。我当时就懵了，我好好的一个人来当兵，怎么就要截肢了呢？我回去怎么向我的父母交代啊？我的倔劲儿上来了：我不治病了，我要回部队。

幸运的是，我在回部队之后，碰上了一位医术颇为高明的乡村医生，他对骨科很有研究。他说我是当兵的，没什么钱，就给我两瓶药酒，让我擦在伤处。擦药的过程十分痛苦，每次碰触都能带来剧痛，那种痛是普通人难以体会的，就像有人在剔你的骨头一样。每一次擦药，对我来说简直就是一次生与死的考验。不过药效却好得出奇，我很快就能下地了。现在想到那种痛还后怕，当时完全是依靠意志力挺过来的。

下地之后的三个月，我一直住在医院里面，每天有两个人扶着我走路，这对于一个特种兵来说肯定不行，我决定通过跑步进行恢复训练。那种痛苦也是难以忍受的，每跑一步都好像有人在踢我的伤处，还是意志力支撑着我跑了下去。最终，我的病真的痊愈了。如果当时不是自己意志顽强，可能我现在就是个残疾人了。

部队是一个大熔炉，它把我从一个调皮捣蛋的孩子，锻造成为一个优秀的特种兵战士。然而，时光总是无情，很快我的兵役期满。1999年11月，我从我所热爱的特种部队退役，回到了地方。

为了生活，我做过保安，做过清洁工，做过保安教练，办过武术班，还当过一段时间的化妆品推销员。机缘巧合，我推销掉了两三百瓶的化妆品，成为了公司有史以来销售额最高的推销员。那家公司管理非常严格：只许推销员坐公交车，如果打车是会被开除的；每一瓶化妆品卖5元钱，交给公司4元钱，自己只能够留下1元钱……这样严格的管理让我学到了许多东西，也无意中培养了我适应市场和销售产品的能力。

我是一个对自己永不满足的人，做了一段时间的化妆品推销员之后，我的一个战友对我说，他正在做保险销售，我要是感兴趣的话可以听一听培训课，于是我就去了。为期3个月的保险培训课程结束之后，我正式成为一名保险推销员，但是在接下来的3个月中，我几乎没有任何业绩。我是一个不服输的人，作为一名特种兵，我就必须对自己严格要求，做任何工作都要比其他人做得更好。我们当过兵的人不会偷懒耍滑那一套，我认准了一个道理：努力、努力、再努力，今天比昨天努力，这一刻比上一刻更努力，只要努力就没有做不好的事情。

公司里的其他保险员每天跑3个写字楼，我就跑5个、6个甚至更多的写字楼。我逐渐学会了如何与形形色色的人打交道，也学会了一些推销保险的技巧。这段保险销售员的经历更是为我今后成为演说大师打下了非常坚实的实践功底。

一场无腿人的演说
——立志终生从事演说事业

第一章

人生总是充满着许多的偶然性和必然性，一场无腿人的演说让我终于找到了自己的目标和方向，从此我立志要将演说当成我毕生奋斗的事业。我的人生从这个时候开始，便有了光明的前途和坚定的信仰。

聆听无腿人大师演说，让我顿时开悟

    来自澳大利亚的约翰·库缇斯是世界上独一无二的无腿演说大师。他最有力的名言就是："100次摔倒，可以101次站起来；1000次摔倒，可以1001次站起来。摔倒多少次没有关系，关键是最后你有没有站起来。"约翰·库缇斯的命运是因为一次偶然的公开演说而改变的，而当我聆听了他的演说之后，我的人生之路也开始出现了关键性的转折。

    我和约翰·库缇斯的缘分来自一次聚餐，那次聚餐上一位朋友对我说起约翰·库缇斯，并且告诉我他会在重庆举办一次大型的演说活动，推荐我去听一听。朋友说："你真的应该去听一听，那是一个非常神奇的人，他的第一次公开演说结束之后，就有一位女士跑上台抱着他，哭得特别伤心。那位女士对约翰·库缇斯说，'我遇到了非常不幸的事情，正准备自杀，现在我的身上就带着自杀用的手枪，但是我听过你的演说之后，我放弃了自杀的念头，我要好好地活下去。'你看，这多神奇啊！"

    我原本并没有打算去，我想："我保险做得好好的，听什么演说啊！"但是朋友说的内容引起了我的兴趣，我决定去重庆听一次这位传奇人物的演说。我从昆明坐火车来到了重庆，约翰·库缇斯这次演说的主题就是：别对自己说不可能。

　　约翰·库缇斯是一个先天性残障人士，出生的时候就双腿畸形，只有可乐罐子那么大，医生说他根本就无法存活。演说的当天，约翰·库缇斯是拄着双拐，自己走上演说台的。他开口的第一句话是："每个人都有残疾，我的残疾你们能看到，那你们的残疾呢？在你们的眼中我是一个残疾人。但是我不是残疾人，真正的残疾人不是肢体上的，而是思想上的，你们埋怨、责怪、自卑、愤怒、恐惧，这才是真正的残疾。你们的残疾看不见，我的残疾看得见，但是我只是活得跟你们不一样而已。"

　　坐在台下的我，听了约翰·库缇斯的这一番话，心里有说不出来的感受，既感受到了有生以来最大的震撼，也感到了内心深处深深的惭愧。我一直是一个健全的人，我无法想象约翰·库缇斯在成长的道路上要经历何种艰难困苦，我的内心对他产生了深深的敬佩之情。听着约翰·库缇斯的演说，我在心里不断地反思，越听越觉得心里明亮，我明白了一个非常浅显的道理：不要找借口，一切皆有可能。

　　实际上，有些道理虽然简单，但是要将简单的道理真正理解到位，并且运用到我们的日常工作当中却是非常不简单的一件事情。约翰·库缇斯的演说让我顿时开悟，我要将"不要找借口，一切皆有可能"的道理化为我前行的原动力。

　　现实的世界中，我们每一个人都会遇到伤痛和灾难。在面对这一切的时候，有的人选择了哭泣，有的人选择了放弃，也有的人选择拥抱痛苦，让苦难成就自己卓越的一生，约翰·库缇斯就是这样的人。我在听了他的演说之后，心里久久不能平静。我希望自己成为一个卓越的人，一个对社会、对他人有贡献的人，可是我应该怎么做呢？我应该做些什么呢？

　　我知道许多事情要一步一步地来，不能操之过急。因此我开始冷静而理智地思考人生之路。我先要找到自己的坐标，然后向着自己心中既定的目标不断前进，这样的人生才更有意义，这样的人生才是我要的人生。约翰·库缇斯的演说教会了我如何面对恐惧、孤独、折磨和痛苦，我不仅要勇敢地向命运挑战，还要用自己的实力来赢得这场挑战，成为能够主宰自己命运的人，成为人生的胜利者。

要想获得成功，就必须做好吃苦的准备。在这个世界上，没有一条通往成功的道路是平坦的。在日常的工作和生活中，每一个人都会有许多的烦恼，这些烦恼或许会让我们暂时失去对生活的勇气，但不要为了逃避困难而为自己找各种各样的借口。因为到最后我们会发现，借口不会成就我们，借口只会毁掉我们。

世界级无腿演说大师约翰·库缇斯的一次演说，让我领悟到了成功以及人生的真谛，只要我们在困难面前选择的是努力，而不是逃避，我们就会成为生活中的强者和胜利者。在通往成功的道路上，我会牢记约翰·库缇斯让我明白的真理：不要找借口，一切皆有可能。

向世界最有名的大师全方位学习

真正让我下定决心以演说为终身职业的，是世界第一潜能开发大师、世界第一演说大师安东尼·罗宾，以及世界第一销售训练大师汤姆·霍普金斯。我在2004年6月和2004年9月分别向两位大师全方位、零距离的学习，在受益匪浅的同时，也坚定了演说就是我的终身事业的这种信念。

这两次千载难逢的学习机会需要我支付非常昂贵的学费，具体花费在5万元人民币以上。这5万多元对于当时的我来说，可以说是一个非常大的花销，因为当时我的经济状况并不是很好，但是我愿意付出一切代价，去执著地追求和实现自己的演说梦想。当然，这两次学习经历也对我的演说生涯起了十分重要的作用。

安东尼·罗宾来自美国加利福尼亚州，是有名的潜能开发大师。他的著作被翻译成十几种语言出版。安东尼·罗宾的名言是："成功的四个步骤：一、潜能；二、行动；三、结果；四、信念。假如带着100%的信念去做一件事情你会发现什么结果？大量开发潜能，大量行动，就会得到你想要的结果。"

课程的第一天，安东尼·罗宾教会我们如何战胜自己的恐惧。他认为如果我们感到任何一丝的恐惧，这些恐惧都会成为我们前进的强大阻力。比如我们是一名销售人员，如果在客户第一次拒绝我们的时候，我们就因为内心的恐惧而放弃的话，那么我们就永远都不会成为一个成功的销售员。

安东尼·罗宾让所有的学员都要突破自我恐惧，并且迅速地驱散恐惧而不断前行。然后他把所有的人带到体育馆外面，并在空地上架起了火堆，大火燃烧起来有一米多高。安东尼·罗宾说："今天之后，你们每一个人的经历都会改变，因为这团火就是你的恐惧，现在你要穿过你的恐惧。"

当时我完全傻了，我想："我的天啊！我怎么过得去啊！"

这个时候，安东尼·罗宾把自己的鞋和袜子都脱了下来，并且毫不犹豫地穿过大火，示范了几遍之后，他说："现在该你们了，谁是第一个？"

我看到一个女学员正在脱掉鞋和袜子，要是让女流之辈第一个走过去，这对于我来说无疑是一种失败。于是，我立刻站了出来，并且第一个走过了火堆。当我走过火堆的那一刻，我终于明白什么是真正的穿越恐惧了。这个体验让我深刻地认识到：这个世界上就没有做不到的事情，只有我们不敢做和没做过的事。

安东尼·罗宾认为恐惧心理是与生俱来的，他运用潜意识的力量让我们战胜了恐惧，顺利地通过了火堆，而且没有一个人受伤。他让人敲锣打鼓地把气氛弄得非常热闹，以此来缓解我们每一个人的恐惧情绪。但是战胜恐惧不是一劳永逸的事情，我们必须在不断前行的过程中，直面每一个阶段的恐惧，并且穿过更大的恐惧。

安东尼·罗宾的观点是：要想成为一个卓越的人，就必须具备以下几点：

1. 要有卓越的状态

卓越的状态就是我们的巅峰状态。无论我们是从事哪一种职业的人，都必须保持着一种兴奋而良好的巅峰状态。如此一来，我们的事业才能够取得成功。

2. 要有卓越的信念

一个想要成功的人必须具备坚定的信念。没有信念，任何人都不会获得成功，而信念必须是正面的。

3. 要有卓越的行为模式

有了卓越的状态和信念，我们还要有卓越的行为模式。只有最好的行为模式，才能够充分表达我们的信念，保持我们的状态。

汤姆·霍普金斯是世界销售之神，也是"吉尼斯世界纪录"房地产销售量最高纪录保持者。这位伟大的销售员、培训师其实最初的经历并不顺利。因为贫穷，他只在大学学习了几个月便被迫辍学打工。此后，他到建筑工地扛钢筋，以此赚取微薄的收入。他始终想寻找一种更好的谋生手段，直到他接触到了销售。

但是，很多时候，找到了方向并不意味着成功。刚刚接触销售，霍普金斯也遇到了很多挫折。六个月内他屡遭败绩，变得更加穷困潦倒。但他不愧是一个能成就伟业的人，剩下的最后一点积蓄，他都花在了参加世界著名激励大师金克拉举办的一个为期五天的培训班上。而这，也成为他一生的转折点。

此后，通过研习心理学、公关学、市场学，并结合现代推销技巧，霍普金斯在短时间内便取得了令世人瞩目的成绩。

取得成绩之后，霍普金斯又有了新的想法，他想把自己的销售知识和成功经验传授给更多的人，于是他开始了自己的培训之路。如今，他是国际培训集团的董事长，在培训行业取得了巨大的成功。每年在世界各地要举办上百场的演说，他的销售培训系统覆盖全球90%的销售培训课程，我想这些都是最好的证明。

和安东尼·罗宾的创业故事一样，霍普金斯的成功也给了我很大的震撼。所以，2004年，得知霍普金斯要来上海的消息后，我非常兴奋，并第一时间报了名，听他演说。结果，我发现，这同样是我生命中非常明智的一个选择。整个过程中，他的故事催人振奋，他的演说让人热血澎湃，而他所传授的经验则让我至今都在受益。感谢霍普金斯的这次上海之行。

在与两位大师近距离接触和学习后，我就确立了自己今后的发展目标。我不但要学会演说，而且要做演说行业里的第一名。我想成为一名卓越的演说家，而且我也相信自己具有这方面的才能。在向两位大师全方位的学习中，我发现了自己身上从未被发现的潜在能力，促使我全面而理智地认清并追求自我的价值，以到达我梦寐以求的成功彼岸。

靠演说赢得数亿销售额

　　我在刚刚学习演说的时候没有足够的自信，因为我的普通话说得不好。但是安东尼·罗宾曾经说过要有卓越的状态，演说老师也说演说最主要的是状态，也是看我们的演说是不是发自内心的。于是，我倔强地想："我就不信说不好普通话，就当不了超级演说家。"

　　我在一次演说比赛中获得了第三名的好成绩，那一次我将自信完全释放开了，原来说不好普通话也能够成为一名厉害的演说家，我的大脑从此完全解放了。我告诉自己：我就是演说家。一个偶然的机会我开始学习营销，因为我认为营销是一门与众不同的学问，我要成为全球著名的特种兵演说大师，创造出数以亿计的销售额。

　　世界级的营销大师杰·亚布拉罕曾经创造过无数的营销奇迹，他为企业创造了70亿美元的销售额。他给曾经营销不良的安东尼·罗宾提出过两个营销建议：

1. 集中营销

　　杰·亚布拉罕建议安东尼·罗宾将自己曾经教授过的学员再重新组织起来，课程的主要目的就是与每一位学员建立营销关系，从而编织出一张营销关系网。

2. 名人营销

安东尼·罗宾的学员中有许多名人，杰·亚布拉罕建议他将这些名人的照片制作成相册，与他的潜能开发课程一起制作成磁带进行销售。这些磁带在电视直销中卖了两三千万套。

我有幸听过两次世界著名企业家罗伯特·清崎的演说。他的书《富爸爸穷爸爸》销售得非常好，可以说是世界知名。我去听他的课，他问我们："请问你们当中有没有人的书畅销40多个国家，举起手来。"没有一个人举手，因为我们都没有那么大的影响力。

清崎又问："那么你们有没有人拥有5家上市公司呢？"还是没有人举手，因为我们都还没有用演说成就自己的事业。最让我感到振奋的是清崎和我一样，也曾经是一名特种兵。简单地说，如果杰·亚布拉罕和罗伯特·清崎都可以靠演说赢得数以亿计的销售额，那么我也可以成为他们那样的营销演说家。

接下来我开始靠演说去创业，而创业需要我具备四种能力：

营销能力：营销能力是所有能力中最关键的能力，因为营销能力就是我们的收入，它决定着我为之奋斗的事业是成功还是失败。

领导能力：只有让更多有梦想、有才干的人与我一起努力奋斗，我的事业才有成功的希望，我才能够成为著名的营销演说家。

投资能力：只会挣钱而不会投资就等于没有挣到钱一样，只有当我的钱可以帮助我挣钱和工作的时候，我才是真正的成功者。

财务能力：不会理财的创业者不但不能够成功，而且也会连累企业中的其他人，财务能力实际上就是管理钱的能力，我们必须具备。

演说是一门具有独特魅力的学问，不仅能够帮助我找到人生的方向和目标，也能够让我成为财富的拥有者，更能够成就我有卓越的一生。所以，对于我来说，用演说来做营销是必须学会、掌握并且熟练运用的一种技能。有些人或许会说，这个世界上没有几个演说者会赢得数以亿计的销售额，那些成功者都是非常幸运的。但是我始终相信，我可以做到，我能够成为演说行业中的亿万富翁，这样的自信不仅是对我自己，更多的是对我的团队和朋友。

毋庸置疑，演说是能够带来丰厚的财富的。每一位世界级的演说大师都用自己的实力证明了这一点。实际上，演说是市场营销的一把利器，它最有效的方法就是激励团队，提高领导力，以及化解企业危机。而且演说是学习和增长知识最有效的方法，各种营销学以及营销心理学都是教会企业家和创业者如何开发客户、如何教育客户的好课程。

对于我个人来说，营销演说是为自己和他人创造财富的一把金钥匙。我的演说课程就是要将这把打开财富大门的金钥匙交给每一个人，让每一个来听我的演说课程的人都拥有成为亿万富翁的机会。安东尼·罗宾就曾经学习了许多课程，而他组合出了一个属于自己的演说课程，他的演说课程不仅让自己成了富翁，也帮助许多人成了富翁。我学会了演说，就等于给了自己一个白手起家的创业机会。因为世界上所有的演说家过去都是一无所有的，而后来他们都靠营销演说成就了自己的财富梦想。

创办特种兵演说训练营

我在创办特种兵演说训练营的时候，就将它定位为高端产品。也正因为是高端产品，所以特种兵演说训练营中的一切课程就必须是精益求精、好上加好的精华。我将自己所有的演说材料提炼出精华部分，集中在三天两夜的演说训练营中，希望参加特种兵演说训练营的每一个人都能够有所发现，有所成就。

我的特种兵演说训练营第一次开课是在昆明，课程是由我和另一位培训师分别讲一个多小时，一堂大课下来是三个多小时。我的课程当时应该是中国最贵的课程了，每堂课需要12000元，我一共卖了29800元。现场大概就十几个人，最后交钱的就只有一家。为了在课程当中鼓励学员，我们还设了一个抽奖环节，抽中了奖的人可以免费听课。

总之，万事开头难，第一期的效果和人数都不是十分的理想。之后的几期，我们越办越有经验，参加特种兵演说训练营的人也越来越多，效果也有非常大的提升。2012年，我在昆明举办了三天的大型演说，共有800多人参加。

2012年9月7日到9日，我以中国昆明总裁峰会总实施的身份组织举办了罗杰·道森昆明演说会。罗杰·道森是克林顿内阁最重要的高参之一，也是国际首席商业谈判大师、美国国家演说人协会与演说名人堂认证的专业人员之一。在这次演说会上，罗杰·道森主讲的是《亿万美元谈判系统》。此外，这次演说会还有众多重量级的演说大师出席并做了演说。比如，世界华人工商促进会总会会长李农合、"学习型中国"世纪成功论坛主席刘景澜等，听课学员更是高达800人。当时门票价格为2800元到35800元不等，直接效益非常可观。也就是在这次演说会上，我更加认识到了演说、谈判的价值。

现在我每一年都要举办200多场的演说，并且与世界上十个国家的总统合过影，具有了一定的影响力。我的特种兵演说训练营还进行了许多慈善活动，不仅如此，我每年都为企业和客户进行一定场次的公益演说。至今，我累计捐款额在6000万元以上。

特种兵训练营中每一个人都有很多励志的故事。我印象比较深刻的是在第二期的时候，我有一个学生，他现在是云南的辣椒大王，企业每年的产值都在3亿元左右，但当时他还是一个穷光蛋，他的妻子甚至连5分钱的冰棍都不舍得买。当他一个人来参加特种兵演说训练营之后，他让家人和企业的高管，总共有六七个都来参加。他对我说："王老师，在你的课程中我学会了许多知识，我学会了如何领导他人，如何激励他人，这些都让我的企业有了根本性的变化。所以，我让他们都来学。"

我对他说："实际上，演说不是讲一个个空洞的大道理。演说就是讲故事，并且让你从小故事中获得大知识，明白一些简单却不浅薄的道理，这些都能够从最直接的角度教会我们处理事务最顺畅的流程。"

在我的特种兵演说训练营中，每一个学员都有自己曾经心酸的经历。我还有一个学员是一个十几岁的孩子，跟着演说训练营的大人们学习了四天，这个孩子的毅力非常顽强，我相信他日后必成大器。还有的学员原来家中就只有几亩地，自己既没有文化也没有钱，但参加了我的特种兵训练营后，从每天只能够赚到五元钱的小工成为今天身价百万的老板。

像这样刻骨铭心、反败为胜的故事，在我的特种兵训练营中还有许多，非常励志也非常感人。我的学员们经常会对我说："王老师，我从来都没有想过，一个演说训练营会改变我的一生。"每一次我看到学员们脸上的笑容，这一刻就是我最幸福的时候，仿佛一切的辛劳、一切的疲惫都得到了最好的回报。我始终坚信每个人的内心都有属于自己的励志故事。我鼓励我的学员们将自己的故事说出来，与大家分享自己的成败得失。如此一来，学员之间就形成了非常好的互动关系，也能够进行良好而顺畅的沟通。

创办特种兵演说训练营的初衷就是要让更多的人获益，并且打造出完全属于我自己的演说品牌。在提高经济效益的同时也能够做一些公益事业，让我可以无所顾虑地去做我自己喜欢做的事情，成就我一生的事业。经过我和我的团队多年来的细心经营，特种兵演说训练营的影响力在逐步扩大，对社会的公信力也在逐步加强。不仅如此，我的特种兵训练营已经具备了很稳定的规模以及一大批专业的人才。我和我的团队一定会努力地将特种兵演说训练营打造成国内外独一无二的演说品牌，为自己、为社会、为国家作出我们应有的贡献。假如你愿意加入到我们的行列里，那么我们将会感到无比高兴，并非常欢迎你。

让特种兵演说走遍全世界

　　特种兵是一个具有很高水准的品牌，我们每一个人都需要学习特种兵所具备的信念，每一个企业都应该打造特种部队的执行力和凝聚力。简单地说，特种兵的信念和执行力，再加上演说者的个人魅力以及演说的技巧、方法，我和我的特种兵演说就能够走遍全世界每一个国家。我要用演说的力量将特种兵的正能量传递给每一个人，也要用特种兵的精神激发出每一个人的潜在能量，让特种兵的演说走遍全世界。

　　演说的力量能够征服整个世界，我们中国的企业家就是不太善于演说。我曾经参加过中国企业俱乐部，认识了许多中国知名的企业家，比如：马云、柳传志、牛根生、俞敏洪、冯军、刘永好……我跟他们都是非常好的朋友。从他们的身上，我发现凡是成功的企业家都是非常卓越的演说家。

　　阿里巴巴集团主要创始人之一的马云，演说能力就非常强。他曾经到美国的哈佛大学演说过；地产大亨王健林的演说也非常厉害。王健林的成功秘诀就是：创新、坚持、好的人际关系。他去过美国哈佛大学和耶鲁大学演说，获得了非常大的成就和荣誉。由此可见，演说具有强大的能量，演说不仅可以帮助我们自己成功，也能够将成功的秘诀传递给其他人，让渴望成就事业的人都有登上巅峰的机会。

我相信特种兵的独特性加上演说的魅力就会是完美的，更是世界上独一无二的。我们要教会中国的企业家演说，让企业家们到美国、到世界上的任何一个国家去演说。因为成功的演说家才能够快速地打造出优秀的个人品牌以及扩大企业的知名度。所以，如果每个企业家同时也是演说家，那么他就可以向全世界宣传中国，告诉世界中国是一个最好的创业国度，从而吸引更多的外资来发展中国自己的经济。

为什么全世界最好的演说家的书能够畅销几十个国家，每一年的销量都在千万册以上呢？这就是演说的魅力和能量，所以我要让特种兵演说持续下去，靠演说的力量来走遍世界，改变世界，并且将中国企业的精神传播给世界的每一个角落。

未来我要建立一所特种部队商学院，用特种部队的训练方法培养出属于中国自己的世界级演说家，让特种兵演说走遍全世界。我是一名优秀的特种兵，我要将我的传奇让更多的人知道并鼓励更多的人学习演说，用演说的力量成就自己的卓越人生。

我的普通话说得不是很好。一个普通话说得不好的人都能够成为演说大师、超级演说家，那么你的普通话说得比我好，你一定会在演说台上有更好、更卓越的表现。演说其实是一件非常简单的事情。其实，每一个人都能够成为超级演说家，而演说的能力也必将成为每一个企业家在市场竞争中的软实力。

我的特种兵演说现在已经漂洋过海到了美国。美国是个发达国家，但是中国要超越美国，也不是一件不可能的事情。我要让中国的企业家都成为超级演说家，让美国以至全世界都能听到、看到、感受到中国的真正实力和魅力。特种兵演说的魅力不仅仅在于它的独特性，还在于特种兵演说结合了演说和特种兵两种表面上毫无关联的事情，从而将两件事情紧密而和谐地统一起来，从而在世界演说界中独树一帜。

我的特种兵演说不仅走出了国门，走向了世界，也传播了中国文化，将外国人吸引到中国来学习我们的中国文化。特种兵的演说要将中国的传统文化结合进来，比如：中国古人的谈判技巧和方法。因为外国人不是很懂谈判，而中国人是最懂谈判的，要想让特种兵演说走遍全世界，我们就必须做到别人没有的我们有，别人有的我们要做到比别人更好、更优秀。

通过特种兵演说能够将中国的企业和企业家以及中华文化更好、更有效地推广到世界各地，也能够将各个国家的优势文化和物质资源吸引到中国来。特种兵演说将会成为中国与世界沟通的一座桥梁、一扇大门，让世界了解中国，更让中国融入世界。我和我的团队正在为了这样的目标而努力奋斗着。

世界最伟大的演说大师
——征服世界的超级演说家 / 第二章

世界级的演说大师们各有各的精彩，他们用自己的才华和智慧点亮了整个世界。我们的生活因为有他们的存在而变得丰富多彩，这些超级演说家们用他们的心血和激情让我们懂得了什么才是真正的智慧、什么才是真实的生活。

世界著名政治演说大师

　　每一位世界超级演说大师都有属于他们自己的传奇故事，他们在演说台上的激情，他们在演说背后的故事，他们的人生铸就了不朽的人间传奇。演说大师就是在用自己的全部人生点亮他人生命中的光芒，他们将自己的喜悦、愤怒、哀伤、欢乐全部拿出来与我们分享，让我们看到真实的世界以及生活中蕴藏着的全部希望。

◎灵魂深处的高声呐喊——拿破仑

　　拿破仑·波拿巴是法国历史上最优秀的政治家和最出色的军事家，更是最完美的演说大师。他的演说让所有听到的人都热血澎湃，仿佛必须马上拿起刀枪，骑上战马去与敌人厮杀。拿破仑·波拿巴是一位用灵魂在演说的大师，听他的演说就像是听到了灵魂深处的高声呐喊："让我们去战斗！"

　　对于拿破仑·波拿巴来说，公元1815年的滑铁卢战役是他人生中最大的失败。然而，就算在这样的人生低谷中，他的演说依然让人充满了不舍和希望，我们依然可以清晰地听到他那个不服输的灵魂发出的永不屈服的呐喊声：

我旧时的卫队士兵们：

我向你们告别。20年来，我一直陪伴你们走在光荣的道路上。在最后的这些年月里，你们一如我们全盛时期那样，始终是勇敢与忠诚的模范。有了像你们这样的兵士，我们的事业是不会失败的。但是这样的战事不结束，要成为内战，法国就会蒙受更深的苦难。

为了国家的利益，我已经牺牲了我的一切利益。

我要离去了，但是你们，我的朋友，还要继续为法兰西服务。过去我唯一的想望是法兰西的幸福。今后，这仍将是我的祝愿。不要为我的命运惋惜；我之所以苟活，那也是为了你们的光荣。我准备将我们过去共同取得的伟大成就书写成文。

别了，朋友们，但愿我能紧紧地拥抱你们。

这篇演说是在拿破仑·波拿巴去他的流放地圣赫勒拿岛之前向他的卫队发表的，这里我们能够感受到他来自心底的痛苦，但是我们能够感受到的更多的是拿破仑·波拿巴不服输的灵魂。虽然这个时候他是一个战败者，但他绝对不是一个失败者，更不是人生战场上的逃兵。他用他的行动向世人证实，他才是这个世界的主宰。

拿破仑·波拿巴的一生都在战斗着，他用自己完美而具有鼓舞性的演说，带领着他的士兵们和他一起战斗到生命的最后一刻，他是灵魂的演说者。

◎持语言的利剑，划破美国的天空——林肯

亚伯拉罕·林肯是美国第16任总统，他的一生充满了波折和坎坷。林肯总统不仅是一位出色的政治家，更是一位善于把握人心、具有优秀的语言沟通能力的超级演说大师。林肯在自己的演说中能够熟练地运用各种幽默

和乡间俚语，常常让听众在轻松中接受他的观点和建议。林肯的演说语言是一把刚中带柔的利剑，划破了当时美国阴暗的政治天空。

87年前，我们的先辈们在这个大陆上创立了一个新国家，它孕育于自由之中，奉行一切人生来平等的原则。现在我们正从事一场伟大的内战，以考验这个国家，或者任何一个孕育于自由和奉行上述原则的国家是否能够长久存在下去。我们在这场战争中的一个伟大战场上集会。烈士们为使这个国家能够生存下去而献出了自己的生命，我们来到这里，是要把这个战场的一部分奉献给他们作为最后安息之所。我们这样做是完全应该而且是非常恰当的。

但是，从更广泛的意义上来说，这块土地我们不能够奉献，不能够圣化，不能够神化。那些曾在这里战斗过的勇士们，活着的和去世的，已经把这块土地圣化了，这远不是我们微薄的力量所能增减的。我们今天在这里所说的话，全世界不大会注意，也不会长久地记住，但勇士们在这里所做过的事，全世界却永远不会忘记。毋宁说，倒是我们这些还活着的人，应该在这里把自己奉献于勇士们已经如此崇高地向前推进但尚未完成的事业；倒是我们应该在这里把自己奉献于仍然留在我们面前的伟大任务——我们要从这些光荣的死者身上汲取更多的献身精神，来完成他们已经完全彻底为之献身的事业；我们要在这里下定最大的决心，不让这些死者白白牺牲；我们要使国家在上帝福佑下得到自由的新生，要使这个民有、民治、民享的政府永世长存。

这是亚伯拉罕·林肯最著名的葛底斯堡演说。他用优美而充满爱的语言表达了自己对祖国和民族的爱以及庆祝胜利时候的激动心情。林肯在这次演说中提出的"民有、民治、民享"的民主政治纲领，成了以后美国政府的主导纲领。林肯的这一次演说优美而富有诗意，他激发了民众对于国家、自由的献身精神，他用演说的利剑带领着美国人民走向更自由、更开阔的未来天地。

◎伟大的演说家——毛泽东

毛泽东同志是新中国的奠基者和缔造者，他带领着中国人民穿过茫茫的黑夜，迎来光明的新天地。毛泽东同志是著名的革命家、战略家、理论家、诗人，更是一位伟大而卓越的超级演说大师。他将演说变成了领导中国革命的有力武器。他依靠演说来发动群众、激励士兵、统一思想，带领人民群众依靠武装斗争打败了敌人，建立了新中国。

1949年9月21日，毛泽东同志在中国人民政治协商会议开幕式上发表了《中国人民站起来了》的演说，以下是这次演说的节选部分：

诸位代表先生们，全国人民所渴望的政治协商会议现在开幕了。

这种全国人民大团结之所以能够成功，是因为我们战胜了美国帝国主义所援助的国民党反动政府。在三年多的时间内，英勇的世界上少有的中国人民解放军，战胜了美国援助的国民党反动政府所有的数百万军队的进攻，并使自己转入反攻和进攻。现在，数百万人民解放军的野战军已经打到接近台湾、广东、广西、贵州、四川和新疆的地区去了，中国人民的大多数已经获得了解放。在三年多的时间内，全国人民团结起来，援助人民解放军，反对了自己的敌人，取得了基本的胜利。在这个基础上，召开了今天的人民政治协商会议。

我们的人民民主专政的国家制度是保障人民革命的胜利成果和反对内外敌人的复辟阴谋的有力的武器，我们必须牢牢地掌握这个武器。在国际上，我们必须和一切爱好和平自由的国家和人民团结在一起，首先是和苏联及各新民主国家团结在一起，使我们的保障人民革命胜利成果和反对内外敌人复辟阴谋的斗争不致处于孤立地位。只要我们坚持人民民主专政和团结国际友人，我们就会是永远胜利的。

在人民解放战争和人民革命中牺牲的人民英雄们永垂不朽！

庆贺人民解放战争和人民革命的胜利！

庆贺中华人民共和国的成立！

庆贺中国人民政治协商会议的成功！

从这些节选的片段中我们可以看出，毛泽东同志的这篇演说充满了对新中国的挚爱，我们能够感受到他对中国和中国人民博大而深沉的爱。这篇演说有着简单明了的结构、充满力量和感情的语言、丰富广博的内容以及浓烈而不失温婉的情感。通过毛泽东同志的这篇演说，我们不仅能够体会到伟人心中广大深厚的爱，更让我们看到了毛泽东同志作为新中国第一代领导人的志向和抱负，并且深深地相信他能够带领着我们将美丽的中国建设得更加繁荣、昌盛。

◎为人类自由而演说的南非斗士——曼德拉

纳尔逊·罗利赫拉赫拉·曼德拉，1918年7月18日出生于南非特兰斯凯，1994年至1999年间任南非总统，是南非的首位黑人总统，被尊称为南非国父。在任职总统前，曼德拉是积极的反种族隔离人士，同时也是非洲国民大会的武装组织"民族之矛"的领袖。为此，他坐了27年的冤狱。

他在为民族、为人类自由而战的过程中，就是以自己卓越的演说口才为武器，一次次划破黑暗的阴霾，最终受到了来自各界的赞许，包括从前的反对者。最终，从阶下囚一跃成为南非第一任黑人总统，为新南非开创了一个民主统一的局面，并获得了南非终身名誉总统的无上荣誉。

这位被南非人民称为"微笑大使"的人，如今已是耄耋之年，但他曾经留给世人的那些精彩飞扬的演说，却如星光一样熠熠生辉，永不褪色。以下是曼德拉在1994年就职南非总统时的演说。

女王陛下、王子殿下、尊贵的嘉宾、同胞们、朋友们:

今天,我们会聚于此,与我国和世界其他地方前来庆贺的人士一起,对新生的自由赋予光辉和希望。

这异常的人类悲剧太过漫长了,这经验孕育出一个令全人类引以自豪的社会。作为南非的一介平民,我们日常的一举一动,都要为南非创造现实条件,去巩固人类对正义的信念,增强人类对心灵深处高尚品德的信心,以及让所有人保持对美好生活的期望。

对我的同胞,我可以毫不犹豫地说,我们每一个人都跟这美丽祖国的大地亲密地牢不可分,就如红木树之于比勒陀利亚,含羞草之于灌木林。我们对这共同的家乡在精神上和肉体上有共同的感觉,当目睹国家因可怕的冲突而变得四分五裂,遭全球人民唾弃、孤立,特别是它成为恶毒的意识形态时,我们的内心是如此的痛苦。

我们南非人民,对全人类将我们再度纳入怀抱,感到非常高兴。不久之前,我们还遭全世界摒弃,而现在却能在自己的土地上,招待各国的嘉宾。我们非常感谢我国广大人民,以及各方民主政治、宗教、妇女、青年、商业及其他方面领袖所作的贡献,使我们取得了上述的成就。特别功不可没的,是我的第二副总统——德克勒克先生。

治愈创伤的时候已经来临。消除分隔我们的鸿沟的时刻已经来临,创建的时机就在眼前。

我们终于取得了政治解放。我们承诺,会将依然陷于贫穷、剥削、苦难、受着性别及其他歧视的国人解放出来。

我们已成功地让我们千千万万的国人心中燃起希望。我们立下誓约,要建立一个让所有南非人,不论是黑人还是白人,都可以昂首阔步的社会。他们心中不再有恐惧,他们可以肯定自己拥有不可剥夺的人类尊严——这是一个在国内及与其他各国之间都保持和平的美好国度。

作为我国致力更新的证明,新的全国统一过渡政府的当务之急是处理目前在狱中服刑囚犯的特赦问题。

我们将今天献给为我们的自由而献出生命和作出牺牲的我国以至世界其他地方的英雄。他们的理想现已成真，自由就是他们的报酬。

作为一个统一、民主、非种族主义和非性别主义的南非首任总统，负责带领国家脱离黑暗的深谷。我们怀着既谦恭又欣喜的心情接受你们给予我们的这份荣誉与权利。

我们深信，自由之路从来都不易走。我们很清楚，没有任何一个人可以单独取得成功。

因此，为了全国和解，建设国家，为了一个新世界的诞生，我们必须团结成为一个民族，共同行动。

让所有人得享正义。让所有人得享和平。让所有人得享工作、面包、水、盐分。让每个人都明白，每个人的身体、思想和灵魂都获得了解放，从属于自己。这片美丽的土地永远、永远、永远不会再经历人对人的压迫，以及遭全球唾弃的屈辱。对于如此光辉的成就，太阳永不会停止照耀。

让自由战胜一切。愿上帝保佑南非！

在演说中，曼德拉用平缓坚定的语气向与会者、向全南非和全世界的人宣布，自由来到了南非，这是一个经历了漫长灾难后取得的成就，所有南非人要用自己平时的一举一动去巩固人类对道义、正义的信念，南非必会建成一个美好的，让全世界都引以自豪的社会。

整个演说风格奔放深沉，有风起云涌之势，给人一种充满自信、意气风发的感觉。曼德拉在演说中展望前景、俯瞰全局、高屋建瓴、语言精练，表现出包举天下、心系万民的恢弘气度和宽广胸怀。内容博大精深，思想宏伟深沉，对未来的壮丽景象进行了写意般的描绘，流露出不可遏止的激情。这就是演说大师的魅力所在——热情奔放，鼓舞人心。

国际企业家演说大师

　　国际知名的企业家有很多都是超级演说大师，演说的力量在成就了国际企业家个人魅力的同时，也将他们的企业推动到一个人人仰慕的高度。作为国际企业家，演说不仅是他们事业中不可替代的重要组成部分，更是他们打开财富大门的一把金钥匙。由此可见，国际企业家的演说之路就是他们的成功之路，演说的能力等同于他们的个人魅力，以及企业的效益和所得利润。

◎演说魅力大放光芒——比尔·盖茨

　　对于美国微软公司的创始人比尔·盖茨来说，演说是他缔造自己的软件王国时最有利的武器。演说的力量让比尔·盖茨的微软帝国充满了勃勃生机，也让比尔·盖茨本人的魅力大放光彩。他不仅通过演说为微软争取到无数的发展机会，而且也在演说魅力的支持下成为全球最有影响力的企业家，让世界上无数个国家的人们都为之倾倒，为之钦佩。

　　2007年4月19日，比尔·盖茨被清华大学授予名誉博士学位。在清华大学前校长顾秉林院士为比尔·盖茨颁发名誉博士学位证书、戴上博士帽之后，比尔·盖茨发表了演说，以下是这次演说的节选：

尊敬的顾校长，清华大学的老师、同学们：

获得清华大学这所世界一流大学的荣誉博士学位，让我感到非常荣幸。清华大学是一所有着百年历史的名校，这里诞生了很多杰出的科学家、商业和政治领袖。

我上一次造访贵校是在1997年。当时，贵校学生的才华、热情和创造性给我留下了很深的印象。之后，我决定在中国设立微软研究院。在沈向洋博士的领导下，清华等大学的优秀毕业生帮助微软研究院取得了成功，为公司作出了巨大贡献。在各种国际会议上都可以见到他们的身影。他们也为微软的新产品如Vista的诞生，付出了辛勤的努力。在计算机科学迅速发展的今天，身为贵校的学生是一件激动人心的事。

中国正在快速发展，对世界经济、科技创新作出越来越大的贡献。微软公司愿意帮助中国的新兴公司成长，帮助所有的中国公民享受到计算机科学进步所带来的成果。

微软已经开展项目，帮助中国的移民、进城务工人员、残疾人尤其是盲人享受科技成果；

微软已经捐资设立了五所希望小学和五所网上希望小学；

微软也和中国政府和大学合作，设立了很多学术交流项目，鼓励优秀外国专家来华讲学；

有来自39所亚太地区大学的超过2000名学生曾在微软亚洲研究院实习，并有120人获得研究资助，其中最多的来自于贵校；

我们对于以学术严谨闻名的贵校有着很高的期望。让我们携手努力，共创信息技术未来的辉煌！

比尔·盖茨的这篇演说充分表达了他对中国、对清华大学以及对所得到的荣誉的尊重和热爱，他用演说来表达自己和赞扬清华大学，并且用演说将微软和清华大学有机地结合在一起,让听众明白地知道:在未来的世界中,我们需要携手前进,我们更要彼此扶持和激励。

比尔·盖茨的演说衷心地表达了微软为中国已经作出了贡献,也愿意将这些贡献继续下去的决心,并且告诉我们:世界是大家的世界,没有一个人能够独立于这个世界而存在,合作才是发展的硬道理。比尔·盖茨让演说成为他和他的企业走向世界、走遍全球最好的桥梁和工具,他在演说的时候就是他最有魅力的时候。

◎激情演说成就苹果帝国——乔布斯

史蒂夫·乔布斯是美国苹果公司的联合创办人、前执行总裁。他见证了苹果公司几十年的沉浮和荣耀。史蒂夫·乔布斯不仅用他的智慧和创新改变了我们的生活,更是用他无与伦比的激情演说将苹果公司打造成一个电脑和电子产品的帝国。每一个听过乔布斯演说的人都会惊奇于他那永不枯竭的激情,就算是在生命的最后一次演说中,他的激情依然饱满,他的演说依然动人心魄。

2005年,乔布斯在美国斯坦福大学的毕业典礼上有一次非常精彩的演说,以下是这次演说的节选:

我今天很荣幸能和你们一起参加毕业典礼,斯坦福大学是世界上最好的大学之一。我从来没有从大学中毕业。说实话,今天也许是在我的生命中离大学毕业最近的一天了。

......

当我年轻的时候,有一本叫作《全球概览》振聋发聩的杂志,它是我们那一代人的"圣经"之一。它是一个叫斯图尔特·布兰德的家伙在离这里不远的门罗帕克市编辑的,他像诗一般神奇地将这本书带到了这个世界。那是20世纪60年代后期,在个人电脑出现之前,所以这本书全部是用打字机、剪刀还有拍立得相机做出来的。有点像用软皮包装的谷歌，在谷歌出现35年之前。这是理想主义的，其中有许多灵巧的工具和伟大的想法。

斯图尔特和他的伙伴出版了几期的《全球概览》，当它完成了自己使命的时候，他们做出了最后一期停刊号。那是在20世纪70年代的中期，我正是你们的年纪。在最后一期的封底上是清晨乡村公路的照片（如果你有冒险精神的话，你可以自己找到这条路的），在照片之下有这样一段话："求知若饥，虚心若愚。"这是他们停止了发刊的告别语。"求知若饥，虚心若愚。"我总是希望自己能够那样，现在，在你们即将毕业，开始新的旅程的时候，我也希望你们能这样：求知若饥，虚心若愚。

非常感谢你们。

乔布斯将一个成熟的企业家的形象通过演说的方式树立在听众的眼前，更让听众清楚地知道他为什么会成功，以及他对于成功的理解和态度。乔布斯用他的激情演说为苹果帝国创造了许多的商业奇迹，也用他的演说魅力征服无数的人，这些都和他平时对自己的严格要求和演说训练是分不开的。

乔布斯的激情演说缔造了他的苹果帝国，可以说他的每一次演说都将苹果公司推到了一个全新的高度，这就是演说的力量和魅力。

卓越的中国企业家演说大师

当今的中国处于高速发展时期，社会经济和文化的发展也促使一些中国的企业家成为演说大师。近些年来，中国企业家越来越认同演说的力量和魅力，所以他们越发珍惜每一次的演说机会，通过演说促使企业达到新的高度。中国的企业家逐渐懂得，演说不仅仅是个人魅力和口才的展现，更是能给企业带来生机和发展的有效途径。

◎用演说征服世界——马云

阿里巴巴集团主要创始人之一马云就是一个用自己的演说征服世界的优秀企业家。马云的演说节奏明快，语言幽默多变，用词准确并且能够精准地抓住人心，让听众在不知不觉中被他带到他的演说世界中。马云的演说观点清晰明了，阐述直接清楚，从来不用过多的形容词。听众能够从他的演说中获得许多启示和知识，马云也用自己的演说为阿里巴巴集团创造了利润，树立了企业形象和文化。

以下是马云首次登陆雅虎所发表的演说全文：

今天是我第一次和雅虎的朋友们面对面交流。我希望把我成功的经验和大家分享，尽管我认为你们其中的绝大多数勤劳聪明的人都无法从中获益，但我坚信，一定有个别懒得去判断我讲的是否正确就效仿的人，可以获益匪浅。

让我们开启今天的话题吧！

世界上很多非常聪明并且受过高等教育的人，无法成功。就是因为他们从小就受到了错误的教育，他们养成了勤劳的"恶习"。很多人都记得爱迪生说的那句话吧：天才就是99％的汗水加上1％的灵感。并且被这句话误导了一生。勤勤恳恳地奋斗，最终却碌碌无为。其实爱迪生是因为懒得想他成功的真正原因，所以就编了这句话来误导我们。

很多人可能认为我是在胡说八道，好，让我用100个例子来证实你们的错误吧！事实胜于雄辩。

世界上最富有的人，比尔·盖茨，他是个程序员，懒得读书，他就退学了。他又懒得记那些复杂的命令，于是，他就编了个图形的界面程序，叫什么来着？我忘了，懒得记这些东西。于是，全世界的电脑都长着相同的脸，而他也成了世界首富。

世界上最值钱的品牌，可口可乐。他的老板更懒，尽管中国的茶文化历史悠久，巴西的咖啡香味浓郁，但他实在太懒了。弄点糖精加上凉水，装瓶就卖。于是全世界有人的地方，大家都在喝那种像血一样的液体。

世界上最好的足球运动员，罗纳尔多，他在场上连动都懒得动，就在对方的门前站着。等球砸到他的时候，踢一脚。这就是全世界身价最高的运动员了。有的人说，他带球的速度惊人，那是废话，别人一场跑90分钟，他就跑15秒，当然要快些了。

世界上最厉害的餐饮企业，麦当劳。他的老板也是懒得出奇，懒得学习法国大餐的精美，懒得掌握中餐的复杂技巧，于是弄两片破面包夹块牛肉就卖，结果全世界都能看到那个M的标志。

必胜客的老板，懒得把馅饼的馅装进去，直接撒在发面饼上边就卖，结果大家管那叫披萨，比10张馅饼还贵。

还有更聪明的懒人：

懒得爬楼，于是他们发明了电梯；

懒得走路，于是他们制造出汽车、火车和飞机；

懒得一个一个地杀人，于是他们发明了原子弹；

懒得每次去计算，于是他们发明了数学公式；

懒得出去听音乐会，于是他们发明了唱片、磁带和CD；

这样的例子太多了，我都懒得再说了。

还有那句废话也要提一下，生命在于运动，你见过哪个运动员长寿了？世界上最长寿的人还不是那些连肉都懒得吃的和尚？

如果没有这些懒人，我们现在生活在什么样的环境里，我都懒得想！

人是这样，动物也如此。世界上最长寿的动物叫乌龟，他们一辈子几乎不怎么动，就趴在那里，结果能活一千年。他们懒得走，但和勤劳好动的兔子赛跑，谁赢了？牛最勤劳，结果人们给它吃草，却还要挤它的奶。熊猫傻了吧唧的，什么也不干，抱着根竹子能啃一天，人们亲昵地称它为"国宝"。

回到我们的工作中，看看你公司里每天最早来最晚走，一天像发条一样忙个不停的人，他是不是工资最低的？那个每天游手好闲，没事就发呆的家伙，是不是工资最高？据说还有不少公司的股票呢！

我以上所举的例子，只是想说明一个问题，这个世界实际上是靠懒人来支撑的。世界如此的精彩都是拜懒人所赐。现在你应该知道你不成功的主要原因了吧！

懒不是傻懒，如果你想少干，就要想出懒的方法。要懒出风格，懒出境界。像我从小就懒，连长肉都懒得长，这就是境界。

马云就是这样一位敢说敢做的企业家，他在刚开始创业的时候，毅然决然地丢掉了高校老师的身份，不顾一切地投身到互联网中。当时中国的互联网企业还不成熟、不稳定，在一般人眼中，马云的决定是不可理解的。但是他没有丝毫的犹豫，认准的路就是要走下去。不断地演说，到全国各地、世界各地不断地演说成了马云最有力也是最有效的创业工具。他通过演说将自己的思想传播出去，通过演说奠定了阿里巴巴集团的坚实基础，更是通过演说将阿里巴巴集团推到了一个又一个的发展高峰。

马云是中国企业家中非常优秀和出色的演说家，因为他懂得演说为企业带来的经济利益，演说也为他自己打开了一条通往世界并征服世界的通天大路。马云就是要用自己精彩绝伦的演说获得世界的认同，征服全世界。

◎大师级精神领袖——冯仑

冯仑的成长过程是非常中国化的，当他成为一名正式的大学生党员的时候，冯仑就开始了与众不同而又多变叵测的人生。1991年，冯仑参与并领导了万通集团的创建和发展的全过程；1993年，在冯仑的领导下，北京万通实业股份有限公司创立；之后，冯仑又创建并出任中国民生银行创业董事。冯仑的演说有着鲜明的时代特色，无论从语言的运用上，还是从思维方式和决策习惯上，都有着深刻的时代痕迹。

冯仑不仅是一位白手起家的企业家，也是一位大师级的精神领袖，更是一位超级演说大师。他将自己的思想和经历相结合，让听到他的演说的听众明白了财富、荣誉、奋斗的真实含义，以及人生当中真正重要的到底是什么。

冯仑认为，除了赚钱的能力之外，一个成功的人还必须具备以下四种能力：

1.放低姿态的能力

冯仑认为，除了赚钱以外，第一种重要的能力就是做人的能力，其中最重要的一点就是放低姿态。因为唯有如此，才能厚积薄发，才能赢得别人的尊重和喜爱，才能得道多助，不断获得成功。

2. 树立正确价值观的能力

价值观是我们判断对错曲直、是非善恶的标准，所以，冯仑认为，除了赚钱以外的第二种能力就是树立并保持正确价值观的能力。

3. 保持毅力和耐心的能力

冯仑认为，除了赚钱以外第三种重要的能力就是保持毅力和耐心的能力，其实也就是坚持的能力。很多事情，不是比结果，而是比过程。如果没有毅力、耐心，不能坚持，那么任何好的战略、规划都会死在赚钱的路上。

4. 正确判断未来的能力

在赚钱的过程中，还必须具备正确判断未来的能力，解决好往何处去的问题。为了看清未来，冯仑说他主要做三件事，第一是看别人看不见的地方，第二是算别人算不清的账，第三是做别人不做的事情。

冯仑的观点中，他认为年轻人在最开始创业的时候，不要把自己放错了位置。他说："我刚创业那会儿，在地铺上睡了11年，起初是给自己下了个狠心，说如果我折腾不起这个公司我就不睡到床上去，后来意外发现睡在地上有很多好处，什么东西都扔在地上，贴着地面，人就特别知道自己所处的位置——你就这么低。"

冯仑对于现代社会中的许多问题，都有着自己独到的见解。他说："'熬'是直面问题，不是直面惨淡的人生。我特别烦那种装孙子的状态，忒怂。如果有一个问题，去解决它，最坏还剩半个问题没解决完，但是如果躲就变成两个问题了，所以什么问题出现我都迎着上，让它变成半个问题，如果有能力再进一步处理一下，就什么问题也没有了。"

在冯仑的演说中，我们能够听到的是一颗真诚的心，也是一个时代人物对于人生的感悟和理解，更是看到了我们前进的方向和动力。直面人生中的困境和坎坷，就是冯仑白手起家的奥秘；从困难中吸取经验，从失败中吸取力量，就是冯仑立于不败之地的法宝。他将文化和经济结合起来，他的价值观是独一无二的，也是值得效仿和学习的。冯仑通过他的演说告诉所有的人，人要先有文化和品德才能够赢得事业的成功，成为一个卓越的人。

作为万通集团控股董事长，冯仑用他的演说以及社会影响，为企业带来了许多利润，创造出了许多发展的空间，不少来听他演说的听众，后来都成为万通集团的得力人才。也有许多人通过冯仑的演说找到了人生的方向，为自己的白手起家找到了榜样和目标。可以说，冯仑不仅是一位成功的企业家，更是一位成功的超级演说大师。

◎演说不是作秀，而是人生必修课——柳传志

柳传志是中国改革开放以来最具有代表性的人物之一，他的传奇人生几乎成为了一个时代的缩影。柳传志在1984年创建了联想集团的前身——北京计算机新科技发展公司，在1998年创建了香港联想公司，并在北京和香港的公司合并之后，继续担任联想集团的主席。2011年，柳传志卸任联想集团董事长一职，并被联想集团聘为集团名誉董事长、高级顾问。

《财富》杂志称柳传志为"亚洲最佳商业人士"，他用朴实无华的语言进行演说，他用他的亲身经历告诉听众，要如何拥有财富，如何把握时代给予的发展机遇。柳传志的演说没有华丽的辞藻，却能够激动人心；没有豪言壮语，却能够让听众感觉到热血沸腾。因为，柳传志的演说不是一场演说秀，而是一堂真实的人生必修课。

柳传志的《怎样当一个好总裁》是他在北京大学国际MBA高级经理班上的演说，以下是演说节选：

联想的管理法则听上去非常简单，但实际贯彻起来却对管理者有着相当高的要求。

总裁在企业里一般都要做两件事，第一个是制定战略，并设计实行战略的战术步骤。第二是带好员工队伍，让你的队伍有能力按照这个战略

目标去实施。这两件事做好了，企业就能向好处发展。但在做这两件事情之前，还有一件更重要的事要办，就是建班子。企业必须要有一个好的领导班子，否则你把事情布置下去之后，后面的人未必照你的意思去做。有了好的班子才能群策群力，同时对第一把手也就有了制约。没有一个好的班子就制定不了好的战略，就带不好队伍，所以领导班子实际上是第一位的。联想把以上这些总结为管理的三个要素：建班子、定战略、带队伍。

我们研究高科技企业要把好四个大关口：一是观念；二是机制；三是环境；四是管理。管理固然重要，但在中国这种特殊环境中，老总不对前三个方面有研究，事情是做不好的。就此，对老总有两个要求：第一是目标要高，要把办企业当成事业来干，这样才能受得住委屈，才能充满正气。第二个是要有对环境一眼看到底的能力，要能审时度势，要把事情看清楚，知道办得办不得，后果会是怎么样。联想认真地研究了这个问题。我们专门有一个公关外联部，就是专门研究跟国家各个部委打交道，看怎么才能够保持我们企业正常运作，怎么能够尽量得到国家的支持。这是门学问，是中国的特殊情况，是哈佛课程里不会讲的。

如何实现"1+1>2"？

首先必须让班子成员明白他和整个战局的关系，还要讲清这件事情做好会怎么样，做不好会有什么后果，这对他的积极性就有了初步的调动。第二是凭什么说你做好了或做坏了，凭什么给你这种奖励或惩罚。如果这是规定好的，不是人为临时定的，积极性就会得到更大程度的调动。香港联想曾经有位总经理，分红权、认股证、期权都在他口袋里面，到时候再宣布他要给谁多少。今天看来给人家的东西并不少，但是没有人感谢，没有人真心被这个调动起积极性。第三是这个规则应是被承认的，是班子研究过的，这时积极性会得到更充分的调动。联想高层的班子是主发动机，下面各层的班子都是小发动机，而不是一些没有动力的齿轮。上上下下都在动，而且动得非常的协调，感觉就非常好了。当然了，如果第一把手不把企业的利益放在第一位也不行。

最后就是领军人物和骨干队伍的培养，这是最重要的。第一把手有点像阿拉伯数字的"1"，后面跟一个0就是10，跟两个0就是100，三个0就是1000。这些"0"虽然也很重要，但没有前面的"1"就什么都没有。我们对领军人物有"德"、"才"两点要求。"德"就是要把企业的利益放在最高地位；"才"就是一定是个学习型的人。要善于总结，善于学习，善于把理论的东西拿去实践，善于把实践加以总结。企业里有的人工作积极性很高，但却没法重用，因为他总是把自己做的八分事看成十分，把别人做的八分事看成六分，这也是不善于总结。企业要不停地开各种研讨会，办各种各样的沙龙，让大家总结出规律性的东西，这一点极其重要。联想经常开这种研讨会，定下一个主讲人，而后小组讨论，每个小组都要派人上来讲对问题的看法。

最后作一个总结，做总裁首先要知道企业管理，企业外部环境总体是怎么回事，粗细都要能够讲清楚，粗了一个小时，甚至五分钟就能谈出来，细了能谈一天，能写一本书。第二点是你自己和你手下的人是什么样的要清楚。第三点是要明白你想要什么样的人做这些事，这些人够不够格，理想的人选是什么样的。第四是怎么培养这样的人。明白事、明白人、明白怎么把你身边的人变成这样的人，差不多就是个好总裁了。

柳传志的《怎样当一个好总裁》的演说，层次分明，句句经典，让听众一步一步地听，这就是一位具有丰富职业经验的大师，在手把手地教诲我们，从管理者要具备的正确思想，到如何总结才会进步；从处理各种工作的方式方法，到如何领导下属工作。循循善诱地教导可以让听众从一个门外汉成为一名精明的好总裁。

站在柳传志的角度看，演说其实就是将他知道并经历过的事情，清晰明白地说出来给我们听。柳传志的演说不仅成就了他个人的传奇和独特的风格，更为联想集团带来了巨大的发展空间和利润空间。柳传志不仅是一个时代的传奇人物，更是中国企业家中具有代表性的超级演说大师之一。

◎大学生和创业者的心灵导师——俞敏洪

俞敏洪是新东方学校的创始人，现在担任新东方教育科技集团董事长兼总裁，他不但是全国政协委员，而且是20世纪影响中国的25位企业家之一。俞敏洪和他的新东方团队，已经在全国各大高等学府举行过上万场的免费励志演说，被当今中国大学生和创业者誉为"心灵导师"和"精神领袖"。

《赢在中国》是中央电视台财经频道制作并播出的一档商战真人秀节目，俞敏洪应邀成为评委，并在节目现场发表了简短的励志演说：

人的生活方式有两种，第一种方式是像草一样活着，你尽管活着，每年还在成长，但是你毕竟是一棵草，你吸收雨露阳光，但是长不大。人们可以踩过你，但是人们不会因为你的痛苦，而产生痛苦；人们不会因为你被踩了，而来怜悯你，因为人们本身就没有看到你。所以我们每一个人都应该像树一样的成长，即使我们现在什么都不是，但是只要你有树的种子，即使你被踩到泥土中间，你依然能够吸收泥土的养分，自己成长起来。当你长成参天大树以后，遥远的地方，人们就能看到你；走近你，你能给人一片绿色。活着是美丽的风景，死了依然是栋梁之才，活着死了都有用。这就是我们每一个同学做人和成长的标准。

俞敏洪现场的即兴演说深深地打动了在场的所有听众，他用富有诗意的语言和饱满的激情激励着所有的青年人不惧艰险、勇往直前。俞敏洪的演说生动形象、以物喻人、哲理深刻、发人深省。我们都知道一个道理：站得高才能够看得更远。俞敏洪就是这样一个具有高瞻远瞩能力的企业家。作为时代的风云人物，俞敏洪用他那充满智慧的演说和宽广豁达的心胸，不仅走到了时代的前沿，而且成为今天年轻人的领路人和精神领袖。

俞敏洪用演说成就了自己，成就了企业，更成就了无数有理想有能力的青年人，从而成为这个时代的精英。

◎平民化的企业家演说大师——王健林

王健林是大连万达集团股份有限公司董事长，也是现任中国民间商会副会长。因为个人成长中的坎坷经历，王健林的演说平实直白，没有过多的华丽辞藻，更多的是自身经历所带来的感悟和哲理。在经历了许多风云变幻之后，王健林将万达集团的发展推到了一个平稳前行的阶段。他富有魅力和独树一帜的演说，在这期间起到了不可替代的推动作用。听众能从王健林的演说中体会到成功的艰难以及企业发展的不容易。正是因为这些艰难和不容易，王健林才会拥有今天的成就和荣誉。

2012年3月8日下午，在全国政协的记者会上，王健林发表了《君子爱财，取之有道》的简短演说：

冯老师（指中国当代著名作家冯骥才）说中国的价值观里不能有"钱"字，我对此不敢苟同，我认为中国现在不是钱太多，而是钱太少，如果说不能有钱，我这样的商人就没法活了。我觉得不是不应该有钱，而是有什么样的金钱观，君子爱财，取之有道，中国人应该更多地追求财富，人人都应该有钱，所以有钱也是好事。

短短的一篇演说表现出王健林务实、睿智的特点，观点阐述简明扼要却清晰明了；语言运用朴实自然，却字字珠玑；情感表达直白简单，却真挚诚恳。这些就是王健林的演说中与众不同的地方。他用最口语化的表达方式告诉听众深刻的道理和鲜明的个人观点，让听众记忆深刻。

王健林演说的特质成功地打造出他个人的完美形象以及大连万达集团的整体企业文化和企业形象，他是当今中国最平民化的企业家演说大师。

伟大的心灵励志演说大师

毋庸置疑，演说是这个世界上最有效，也是最直接的励志方法。如果我们想激励一个人或者一个企业，那么最好、最简单的方法就是演说。激励演说大师的演说风格和方式都有所不同，但是相同的是他们富于智慧和激情的演说，不断地激励着无数有理想、有勇气的人们，去实现自己的梦想，去成就自己的事业，成为一个又一个站在世界巅峰上的成功者。

◎用演说激励听众勇敢前行——约翰·库缇斯

一个澳大利亚残疾人，出生的时候脊椎下部没有发育，两腿没有成型，只有可乐罐那么大，而且没有肛门，躺在观察室里奄奄一息，医生断言他不可能活过24小时，建议他父亲准备后事。当悲伤的父亲给儿子准备好小棺材、小墓地后，发现儿子居然还活着。医生又断言他不能活过一周、一个月、一年……而今天，他依然健康地在全世界发表演说，并且是世界上一流的演说激励大师。他就是约翰·库缇斯。

库缇斯在一场演说中的开场白直白有力："你们都可以看到我的残疾，那么，你的残疾是什么呢？世界上的每一个人都有自己的残疾，请问你的残疾是什么呢？"这样的质问直指人的心灵，足以让所有健康的人自省。他也就在这样的氛围中，开始了自己的演说。

不要抱怨自己的不幸

我出生的那一天，医生就告诉我的父母，我一定会马上死去。他们告诉我的父母说我不可能活过当天，他们建议我的父母立即为我准备葬礼。我的父母真的为我买了棺材，买了墓地，甚至还准备了我的衣服。我活过了一天之后，他们又说我不可能活过一个星期；我又活过了一个星期，他们又说我不可能活过一个月；我又活过了一个月，他们又说我不可能活过一年……但三十年后，三十五年后我依然健在，而且自由自在地周游世界。

当我进入小学后，便开始了一段非常不一样的时光。第一个星期，我每天在校园里被一大帮孩子赶来赶去。有一次，他们抓到我之后把我的手从后面绑住，用胶布黏上我的嘴，扔到了垃圾桶里。接着，他们把垃圾桶点着了火，我被死死困在里面，烟雾和热量让我受不了！我大喊："快来人啊，救救我！不管是谁，如果有上帝的话，一定来救救我吧！为什么我要这样的死去？"

突然，盖子被揭开，烟雾冲了出去。一位女老师救了我，她身上的衣服立即着了火，几分钟功夫，整个垃圾桶也彻底烧毁。那天，我能活下来真的很幸运。这也是我一生中第一次意识到不是每个孩子的父母都像我的父母这样负责任。从此，学校因为这件事而开始特别关注我的安全，我也就顺利进入了中学。

中学里共有1700名同学，对我来说，我只能看到3400条腿和我的一双手臂一起在校园里走来走去。我必须在那么多条腿的中间躲来躲去，不过也有好处，那就是我一抬头就会看到女孩子的裙子。

一次录像课，突然我的肚子很疼，一定要去上厕所。黑暗中，我摸索着走到教室外面，我的两只手掌心上分别扎了五六个图钉，原来那些捣蛋的孩子趁黑在我的座位边上撒满了图钉！我去学校的医务室把图钉拔了出来，回家后，我把自己关在卧室里放声大哭。弟弟来看我，我跟弟弟说我准备自杀，他说现在就去帮我拿一把枪。他这句话让我一下意识到原来我是一个幸运的人，我有什么资格在这里抱怨，只不过手上有几个图钉而已，而我的好朋友凯尼连离开自己的轮椅都做不到，连问候一声"你好"都做不到。

弟弟离开房间之后，我的妈妈来了。她紧紧地抱着我，我能感觉到她的心跳。她说："约翰，你是我生命中最最美好的一切！"然后，她吻了我一下就离开了房间。后来我被我爸爸一阵阵的敲门声惊醒，他一下子跳到我的床上把我拎起来再摔倒，然后他用粗壮的胳膊紧紧地夹住我，差一点夹成两半。他看着我说："儿子，答应我一件事，永远永远不要学那些坏孩子，你要做一个榜样，让他们向你学！"

果断而准确的决定

终于，第二天我又再次鼓足勇气回到了学校。

还有几件事发生了，譬如说我有一次被他们锁进柜子里，还有一次被他们绑在转动的风扇上。但最大的一件事发生在十五岁那年，当时我与280多位学生一起在学校的大礼堂考试，我那两条畸形的、没有知觉的腿只能甩在座位后面。考完试，我跟其他人一样走到了门口，几个女孩子跟我说："约翰，你的腿怎么一塌糊涂？"我把两条腿举到前面，简直不敢相信自己的眼睛———考试的时候，被调皮的孩子用铅笔刀割得一塌糊涂，甚至还插上了钢笔，血流得到处是。捡起被他们割断的脚趾头，我一步一步地挪到医务室，后来我又被送到了大医院。我那天回家后就找到父母，跟他们说，"看来我们必须要作出一个决定。"所以1987年的那一天我去医院作了截肢手术，到今天我也认为这是我一生中作出的最好决定之一。

截肢手术让我身体的平衡跟以前不一样了，我必须重新学习走路、走楼梯，甚至上厕所。不过这些对我来说不是问题，只是挑战而已——我根本不相信有问题，我只相信有挑战。惟一让问题消失的方法就是把它们变成挑战，并积极地面对。不管面前是什么样的挑战，我都用我的方法积极地冲向它。我实在记不起自己当时站了多少次又摔倒了多少次，我只知道如果摔倒十次那么第十一次一定要站起来，五十次摔倒那么五十一次要站起来，如果一百次摔倒那么该死的一百零一次再站起来！

做一个健全的人

我在医院里开始思索人生路到底要怎样走。我拿起纸和笔把人生目标一一写了下来，其中一个目标就是要尽快地获得驾驶执照，我也想跟别人一样开车。我对自己说如果他们可以开汽车，我也一样能。

当我第一次在路上开车，真的为自己感到自豪。因为活了那么久，我一直被别人甩在后面，永远落后别人二三十步，即使一起去吃饭，我也是最后一个走进餐厅。下雨的时候，我是最后一个才知道。当然，如果有人放屁，我第一个就知道。

我今天很高兴来到这里，在座有这么多人，如果我能成功地激发在座的每一个人，这就是我成功的一天。

激发我的人首先是我的父亲母亲，如果没有他们，我不敢想象我现在会在做什么，他们真正给了我生命。我生命中还有两个最重要的动力的来源，就是我的妻子和儿子。

各位，财富不是通过你口袋里的钱多钱少来衡量的，财富也不是看你银行存折上的数字。如果你们能看到我的心，你们就会知道我是一个超级的亿万富翁。

各位，每一天都会成为你生命中最美好的一天，不管你觉得自己是多么不幸，世界上永远还有人比你更加不幸；不管你觉得自己是多么了不起，这个世界上永远还有人比你更加强大。我想跟各位说的是，如果我都可以做到，或者说如果我们都可以做到，为什么你不可以呢？如果我可以做到，那么你也可以做到！你也可以做到！你也可以！请记住别对自己说不可能！谢谢！

今天的约翰·库缇斯，已经成为了国际著名的激励演说家，他的演说风格沉稳而励志，柔和而又不失力量。他的格言是"因为我们可以"。他无视艰苦阻难，很多正常人没有去做的事情，他已经先一步做了。这就是演说大师才有的风采。如果你也想做到这一点，那你首先就要向约翰·库缇斯学习，学习他身上的所有精神。

◎用演说传递成功的信念——乔·吉拉德

乔·吉拉德在35岁之前是一个人生的失败者，他在走投无路的情况下做了一名汽车销售员。在上班的第一天，他就卖掉了一辆汽车。最终，他通过自己的努力和卓越的演说能力，成为全美最著名的汽车销售员，他创下的销售记录至今无人超越。他在15年的时间里一共销售了13 001辆汽车。他在退休之后，就开始了他的全球巡回演说，目的很简单，就是要告诉大家："你和我一样，都能够获得同样的成功。"

今天我的演说就是要告诉大家如何赚钱，但是请记得要赚钱的话你必须独立、完全地靠自己。我所有的演说都已经一次一次地被证明是有效的。我不会告诉大家任何别人会告诉你的事情，但是请仔细听，你现在听到的是销售之神对你面对面的传授。今天，我会像一个父亲一样对你进行演说。有一些事情可能不见得非常的正确，但是如果你想要成功，请照我的方法做。现在我们开始工作。

很多人都问我，乔·吉拉德你成功的秘密到底是什么呢？没有秘密，成功绝对没有捷径。我的名片上永远都写着这些话。今天我会告诉大家如何一步一步取得成功。

首先，我要告诉你们一些事情，可能你们不是非常喜欢听到，但是你们听了之后一定会很震撼。你们可能在销售一些东西的时候，顺便又销售了一些其他的东西。所以，比如说你们只是销售安利的产品，不要在销售安利的时候还销售别的产品。也不要6点钟下班，结果5点15分你们就偷偷摸摸地溜了。如果这样做了你们就是真正的失败者。我只要工作到6点，但是每天我都至少工作到7点钟。也不要去吃个午餐一吃就是两个半钟头，聊天聊了半天才偷偷溜回办公室。这样的话一直都没有产值，到最后得到的仍然是零。我太太经常给我带的午餐是两个三明治，我想看看大家是如何遵守自己的诺言。

我从来不跟我的同事一起吃饭，如果我可以销售给你东西，那我一定会跟你吃午餐，所以每个人都非常喜欢我。当我真的不在意你是否喜欢我的时候，我只要能够销售，如果你不能卖给我任何的东西，我也不能卖给你。过一会儿我会告诉你我跟什么样的人吃午餐，我只跟能够帮助我的人一起吃午餐。

在销售汽车以前，我是一个专门盖房子的，我盖房子盖了13年。但是因为我没有专注，所以我最后负债数百万美金。最后，银行跑来查封了我的房子。他们把我的车子和我太太的车子全部都查封了。所以，我已经身无分文。

我的太太走过来跟我说：乔，糟糕了，这下我们家里连吃的东西都没有了，怎么来喂我们的小孩呢？我太太受不了了，就打了我一拳。天啊，我只好离家出走了，那个时候是一月份，正在下大雪。所以，我只好搭公车了。我根本就不知道去哪里好。最后，到了公车总站大家都下车了，我只好跟着下车。

下车后我对面正好有一个很大的汽车销售公司。所以，我就走了进去，我要求见经理。我告诉他我想卖车，他问你以前卖过汽车吗？我说我没有卖过汽车，但是我卖过房子。他说让我7月再回来，现在下大雪根本没有生意。他还有8个销售人员要养，假如要多养一个那些人会怪他的。

最后我告诉这个老板，如果你真的雇佣我，我只需要一个桌子和电话，两个月之内我一定会成为世界上最棒的销售人员。他说你疯了吧，我说我不是疯我只是饿坏了。

他们一直笑我，我喜欢人们嘲笑我的时刻。因为他们正在挑战我，这让我更有自信。我开始打电话了，我让所有的顾客都知道我开始卖车了。我那些顾客、那些朋友都开始笑我，说乔你现在为什么不卖房子开始卖车了呢？

他们持续地嘲笑我，我只想到家里的太太、小孩都没有东西吃，那天晚上，下班时间是9点。到8点15分的时候，我非常累，因为我打了一整天的电话。我非常惊讶，我刚刚讲过失败者都提前下班，所以8点15分其他人都跑光光了。我非常高兴他们都离开了。我的生命就是因为有这么多的失败者让我越来越成功。

请打开门吧！我看到办公室的大门突然就有一位顾客走进来。那个顾客在我看起来就像带着非常可口的食物。好，那个食物赶快来，我的家人饿死了，快点来吧，走近一点。跟顾客讲了一个半钟头的话，那位顾客买了一辆车。我卖给他汽车之后，他说他买过非常非常多的东西，从来没有一位销售人员像我这样子地求他。

我经常求人，我在求人的时候大家都一直笑话我。没有关系，尽管笑吧，那些笑我的人现在都在工作，而我现在已经退休了。买辆车吧，拜托拜托，可以吗？这位先生说OK啊，他买了。我家人真的很想要食物吃啊，可以买东西吗？客户一般都会说没有问题。

我告诉我的老板你只要给我10元钱，因为我要带点食物回家。他说你必须要等两个礼拜才能有你的第一张支票。所以，我就开始求老板，一直求，最后老板只得从口袋里掏10元钱出来。最后我就拿着10元钱赶快去买两袋食物。我回家告诉我的太太，这将是我最后没有钱的时候，我很抱歉我今天只带了两袋食物回家，但是我相信这将会是你最后一天挨饿。我告诉我的太太，当我卖完车的时候，我全身都发抖，她说该不会是你病了吧，我说我没有生病。

第二天早上，我就告诉全世界我来了，我打开我的房门告诉全世界我现在要开始登上我的高峰。我就看见眼前的高峰就像赛马一样，因为赛马永远只能看着前面。我现在要登上我人生的高峰，我要一步一步爬到山顶。我永远不让人们再笑我了。过了三年之后，因为我一直都很专注，我成为了全世界销售汽车第一名。

这是乔·吉拉德在中国一家企业里的演说节选。他是一个站在世界巅峰的人，他用自己的演说带领着更多的人和他一起来领略高处的风景和成功的甜美。从他的演说中我们可以看到销售和生活是相通的，也就是说，适用于销售的道理同样适用于生活。每个人都应该对自己的工作抱有坚定的信念，热爱工作的同时相信自己是最好的。

◎将致富的秘密传遍世界——罗伯特·清崎

罗伯特·清崎，著名财商教育专家，理财的"金牌教练"、"百万富翁的教父"，《富爸爸 穷爸爸》的作者。他当过兵，破过产，从一个普通的日裔美国人，成长为世界级的激励演说大师。如今，罗伯特只做两件事：演说和出书。

我出生在夏威夷，我是第四代日裔美国人，但是我现在已经不懂得日语了，我在纽约上的大学，在佛罗里达州上的飞行学校，然后到了越南，回来以后就开始经商，有一个非常幸福的婚姻。

在我这么多年的商业生涯里，我最重要的感受就是不要害怕失败。

　　每一次我失败的时候，我都会认为以后可以学习到更多的经验。我不想失掉一个公司，但是，我发现这是我最好的一个经验，每一次都学到了更多的东西。学校教育最失败的一点，就是教导我们不要去失败，之所以很多人不能做到他自己的极限，就是因为他害怕失败。每做一件事业对我都是好的，因为从失败中也可以学习到很多经验。当失败的程度变小的时候，你的成功就会变得越来越大。每个人都需要了解，谁都有成功的可能性，在每一个人的内心里，都有一个有钱的人，也有一个穷人，穷人的那部分领先了，你就害怕失败，或者是失败了以后不承认失败。

　　当我成立一个公司的时候，我已经知道我可能会失败，但是当我失败的时候，我会变得更聪明。你们一直问我做过什么，我会做任何的事情，只要让我更聪明的话我就去做，我做一些好象很笨的事情，但是这是能让我聪明的方法，我知道我自己并不是那么聪明。

　　很多人要得到一种保证，希望每次都能成功，我只能保证你会失败，我不能保证你成功，但是每次你失败，就会变得更加聪明。就是因为我不是那么聪明，我做所有能做的事情让我变得聪明，这样的话，我就很有信心，就算开一个餐厅，我都会觉得自己会成功的。

　　有的人做餐馆，就觉得他一定会失败，因为他没有一种学习思考的方法，如果我开一家餐馆，我知道我会变得很有钱，因为我知道我开头可能会失败，但是我一有失败的经验以后，我就学到更多，我就成功了。我学得越多，我就越会成功。

　　我们每个人最大的资产其实就是自己的脑子，但是我们最大的负债也是我们的脑子。事实上，不是你做什么，而是你想的是什么。

　　在这个世界上，最有钱的人是成立公司的人。最有钱的人，比明星挣得多，比歌星挣得多，他们创建公司来挣钱，所以说经营一个公司是最好的途径。比如说比尔·盖茨，建立了微软公司，迈克尔·戴尔建立了戴尔电脑公司，这是我认为最好的投资。当你把公司建成了以后，就把它上市，所以比尔·盖茨并不买股票，他只是卖股票挣钱，有钱的人是卖，没钱的人是买。

人分好多种，一种是穷人的心态，一种是中产阶级的心态，一种是富人的心态。一个有富人心态的人，他会发现，不管是中国还是外国，都有类似的挑战，也有类似的情况；一个受过高等教育的中产阶级的人，只会看到在他面前的困难，会告诉你有这样的分别，那样的分别，他们永远不会行动。一个人应该尽早决定他到底是处于穷人的心态，还是处于中产阶级的心态，还是变成一种富人的心态，这是第一步，要把心态改过来。

致富的第二步，找一个你的同伴，或者是你的伴侣，他也想致富的。如果你周边的伙伴或者是你的朋友，并不是很想致富的话，那对你的确是一个很大的障碍。

第三件事情，你需要决定的就是我到底有什么样的长处，我有什么样的技能，还需要什么技能，需要什么样的训练，那你要得到你所需要的。比如说我已经知道我这辈子都会投资房地产，所以我开始到房地产投资的培训班去学习怎么样投资一个小的交易，我也知道我会去组合一个公司，然后把它上市，所以我会有很多的朋友和专家，他们经常跟我一起讨论，一起开会，能够帮助我。

我也有很多朋友，他只想打高尔夫球，或者是冲浪，所以有的人就很穷，而我就很富。所以你第一步需要做的就是要做一个决定，在美国有一个说法"没有免费的午餐"，每件事情都需要付出，都要有一个代价，所以当我想致富的时候，我的确是付出了我的代价。所以当一个穷人也付了一个代价，就是在一个很穷困的状态之下，当你需要一个有保障的工作的时候，这也是你付的一个相当大的代价。

一个美国的受过良好教育的人，他平均的收入大概是四万五千块美金一年，其实你是付了很高的代价的。最大的损失不是说你现在得到的钱，而是你还没有挣到的钱。我很多朋友想留在中产阶级，对于每年挣五万块美金是很满意的，我是要五千万美金的，所以我不会对中产阶级满意。

我要再提醒你一点，没有免费的午餐的，所以，有件事你要做，就是观察你周围的朋友，看看他是想停留在哪个类别的人，如果他跟你的类别是不同的，那你看看是不是要做一些改变。我的朋友全部都是想富的，我们都是从穷的阶段开始的，我们都互相帮助，大家都变得有钱了。整体来讲，我们花了二十年的时间。

　　这是罗伯特在中国一家企业的演说节选。他的演说铿锵有力，朴实的语言却极大地激发了人们的斗志，让人们在对成功神往的同时也决意付出努力。我们从他的演说中可以得知，财富的制造和拥有都是一件非常需要智慧的事情。如果你想致富，就必须去创业。否则不管你有多高的学历都无法换来等值的财富，只有创业能够真正地给予你拥有财富的机会。

公众演说的7大好处
——演说创造生命奇迹 / 第三章

演说具有非凡的魅力和正能量。成为一名超级演说家不仅可以将自己的人生经历分享给更多的人，而且演说也是我们实现自己人生价值和意义的一个有力渠道。我们能在演说中建立起自己的自信心，为自己赢得人生中重要的发展机会，结识合适的合作伙伴。演说能使我们在提高自我魅力和声望的同时，打造完全属于自己的发展平台，让自己一步一步地走上事业的巅峰，体会完美的人生。

公众演说成就卓越人生

毋庸置疑，公众演说能为我们带来许多好处。它可以多方面提升我们自身的素质和能力。通过公众演说我们可以获得很多我们不曾拥有过的能力以及我们不曾创造过的财富。我们会成为更加优秀、更加出色的人物。

1. 公众演说是招商有效的方法

众所周知，公众演说是招商阶段一种有效的运营方式。它不仅可以将企业的优势全面介绍给听众，而且更加有利于提高经销商对于企业的信心。公众演说是一把对于企业和经销商都有利的利剑。

公众演说对于招商最大的好处就是，它在提高企业和品牌的知名度和运营透明度的同时，也可以让经销流程中所有的环节都变得清晰、明白。通过公众演说，企业能够将自身优势、理念、经营方式都摆在经销商的面前，并且用有效的方法让经销商和企业之间用最快的速度建立起信任、了解、合作关系。

2. 公众演说是提高自信的快速方法

演说家站在演说台上，面对他的全部听众，如果此时的演说家没有足够的自信，那么这场演说的结果就是失败。只有充满了自信的演说家，才能够赢得自己人生的成功。在公众演说中提高自己的思想、知识、素质就是在提高自身的自信心。

因此，公众演说就是演说家提高自信一种很好的方式和舞台，自信心的提升能够保证演说家的事业成功，同样，演说家的成功也来源于自信心的提升，两者相辅相成，缺一不可。通过公众演说将演说家的自信快速地提升到一定的高度，也是公众演说的好处之一。

3. 公众演说是建立高效团队的快速方法

建立高效的团队是企业运营中最重要的事情之一，没有高效的团队就不会有盈利的企业。无法建立高效团队，就意味着企业的失败，以及企业领导者的失败。

公众演说可以用很快的速度来统一团队中所有成员的思想，使得团队成员都用同样的思维方式，为了一个明确而统一的目标向着一个方向努力、前进。因此公众演说是建立高效团队有效、快捷的方式，公众演说不仅能统一团队的思想和目标，也可以让团队成员明确自己在团队中的位置，为进一步合作奠定坚实的基础。

4. 公众演说是白手起家的快速方法

世界上许多公众演说大师都是白手起家的榜样级人物，比如安东尼·罗宾、乔·吉拉德、马克·汉森、罗伯特·清崎，等等。他们都是通过公众演说，而从一无所有成为百万、千万、亿万富翁的。

因此，公众演说能力不仅可以将我们从一个默默无闻的小人物变成一个众所周知的大人物，更可以将一穷二白的我们变成一个百万富翁。公众演说为白手起家的人打开了财富的大门，奠定了事业的基础，公众演说是白手起家的快捷途经。

5.公众演说是提高领导力的快速方法

领导力对于企业领导者来说是成功的最大保障，没有领导力就不会有人听我们指挥，没有领导力也不会有人跟随我们，没有领导力更不会有成功的事业。

通过公众演说来提高领导力是快捷、聪明的做法。因为公众演说的能力可以给予我们一种系统的思维方式，让我们能清晰明白地表达自己的思想和理念，并且让所有的人都听我们说，跟随我们的目标而前进。因此，公众演说在提升领导力的同时，也可以让我们成为更加出色的领导者。

6.公众演说是一种实现销售的绝好方法

许多人都会为自己的销售能力感到担忧，在当今的社会中，如果我们不具备良好的一对众的销售能力，那么我们就面临着被市场淘汰的命运。

通过公众演说来进行一对众的销售，不仅可以拓展市场、扩大销售人群，而且可以让我们的销售更加科学化、艺术化，不再只停留在单纯的销售阶段，而是在销售中融入思想、趣味、激励等人们所需要的元素，让我们的客户在买到好产品的同时，也能够买到先进的思维理念以及好的生活方式。

7. 公众演说是造就畅销书的快速方法

世界级超级演说大师乔·吉拉德和罗伯特·清崎就是通过公众演说而成为畅销书作者的。公众演说将书中的内容更加立体而系统地呈现在所有人的面前，让大家接受的不再是单纯的文字，而是作者的人生和思想方式。

公众演说将书中的文字变得生动而活泼，将死气沉沉的文字变成动人心魄的故事和生活，如此一来，书中所要传播的思想内容、理念和先进的科学知识都可以在第一时间里被大家接受，所以说打造畅销书的又好又快的方法就是公众演说。

8. 公众演说是化解危机的有效方法

危机往往出现在我们猝不及防的时候，现代的商业社会中，如果不能够用最短的时间化解危机，那么我们的一切努力就会非常容易地付之流水，我们面临的命运就是被淘汰。

公众演说不仅可以在很短的时间里让公众了解、熟悉、谅解企业、个人，而且可以用科学、理性的方式把企业、个人好的一面展示在公众面前，让危机化解于无形。

9. 公众演说是吸引资金的有效方法

当今的经济社会中，吸引足够的资金无论是对于企业，还是对于个人都是非常重要的事情。没有资金就没有经济效益，没有资金就没有成功的事业。

通过公众演说企业和个人可以进行全方位的优势展示，传递理念和信息，让更多的投资者知道我们的目标，并且相信我们的未来，吸引更多、更优质的投资者为我们的企业和个人进行投资。这样的吸引资金的方法不仅有效、快捷，而且能够规避一些融资中不利的因素，最终达到双赢的目的。

10. 公众演说是提高影响力的快速方法

21世纪是一个竞争的时代，而最重要的竞争就是影响力的竞争。没有影响力，再好的思想也不会有人认同；没有影响力，再先进的理念也不会有人倾听。没有影响力就没有成功，更没有卓越的人生。

在公众演说中，我们可以将影响力达到最大化，用直接的方式，在很短的时间内将我们的先进思想和理念传递出去，并且获得大多数人的认同。如此一来，我们的影响力不仅会成倍地增长，而且能在很短的时间里达到最好效果。

11. 公众演说是潜能激发的有效方法

每一个人都有与众不同的潜在能力，如何激发出这样的潜在能力，就是摆在所有人面前的最大问题和考验，而公众演说就是激发潜在能力的有效方法。

通过公众演说，我们不仅可以提高自己的听、说、读、写、演的能力，还可以提升自己的表达能力、观察能力、分析能力，全面打开自己的能力通道，激发无限的潜能。

12. 公众演说是开发大客户的有效方法

当演说家站在公众演说的平台上，传递出完整的营销理念，规划出杰出的未来的时候，就是不断吸引有识之士加入团队的时候，更是将大客户纳入开发范围的时候。

现代社会中，竞争是不变的主题，而拥有属于企业的大客户则是提高竞争力最好的方式。要让大客户看见我们，听到我们，进而认同我们不是一件非常容易的事情，而公众演说可以将开发大客户变得非常简单，我们只需要将我们心中所想的未来和规划说出来就可以了。因此，公众演说是开发大客户最简单，更是最有效的方法。

13. 公众演说是吸引顶尖人才的好方法

21世纪最难得的是顶尖人才，企业要发展最需要的也是顶尖人才。简单地说，没有顶尖人才的企业注定要被市场所淘汰，没有顶尖人才的团队无论如何也不可能成为高效团队。

在公众演说的好处中，吸引顶尖人才是企业和团队最迫切需要的。每一场公众演说都会有专门的主题思想，而传达出来的理念和未来，正是吸引顶尖人才的制胜法宝。顶尖的人才都有属于自我的完整的思想体系，而通过公众演说，他们可以更加全面而具体地了解企业和团队，在理念相同和目标相同的作用下，顶尖人才一定会被吸引到我们的企业和团队中来。

14. 公众演说是成为富豪投资最小的方法

每一个人都想成为财富的拥有者，而创造财富则需要更多财富的支撑，但是公众演说不需要太多的财富支撑，就可以帮助我们成为富翁。

几乎所有世界级的超级演说大师都是富翁，而他们在开始创业的时候，其实并没有太多的财富。公众演说就是他们创造财富的方式，也是投资最小的方式。因为公众演说所需要的只是我们的口才和思想，当我们站在演说台上讲出属于自己的语言，发出属于自己的声音的时候，我们就开始迈进了富翁行列。

15. 公众演说是让你拥有个人魅力的有效方法

拥有属于自我的个人魅力，可以让我们在做任何工作的时候，都起到事半功倍的效果。个人魅力是我们打开他人心灵的一把万能钥匙，也是我们成就自我事业的绝佳途径。

公众演说在提升我们自身各个方面素质的同时，也会逐步提升我们的个人魅力，形成我们与众不同的独特个人风格。通过公众演说，我们形成了优秀的个人魅力，也形成了独特的处理事物的方式，以及我们不同的与人交往、沟通的方式。因此，公众演说不仅让我们拥有个人魅力，而且让我们在人群中出类拔萃。

16. 公众演说是建立个人、企业品牌的有效方法

市场经济中，个人、企业的品牌是非常重要的竞争力之一，没有品牌就没有市场，就更谈不上个人、企业的成就和成功了。

公众演说在传递个人、企业理念和规划的同时，也能逐步地建立起属于个人、企业的品牌效应。独特的品牌对于个人、企业都是需要时间和利润来培养的，公众演说可以将个人、企业的成绩以很短的时间和很快的速度进行最大化的传播，以及得到更多人的关注和认同。因此，建立起个人、企业的品牌，公众演说是有效方法。

17. 公众演说是增加学习力、知识面的快速方法

学习力和知识面决定着我们在企业和社会中的竞争能力和影响力，决定了我们能够达到社会的某一个高度和阶层。博学多才，学习能力强永远都是企业选拔人才的最关键因素。

公众演说提供给我们一个增加学习能力和拓展自我知识面的平台。

要想成功地站在演说台上，不断地学习和不断地更新自己的知识，就成了
我们每一天都必须做的功课。简单地说，只有增加学习能力，我们才会说
出更多至理名言；只有知识面的不断拓宽，我们才能成为一名问不倒的演
说家。

18. 公众演说是征服人心、征服灵魂的快速方法

征服人心和灵魂是一件非常困难的事情，因为这意味着要让他人全
面地接受我们的思想和思维方式，进而与我们站在同一个阵营中，为了同
一个未来而全力以赴。

公众演说可以让我们将自己清晰明白地展现在大家的面前，可以将
我们的优势立体而系统地传递给大家。如此一来，我们不仅可以吸引更多
的有识之士，而且可以通过公众演说来征服人心，让更多的人与我们心意
相通；更可以征服他人的灵魂，让我们和他们能够进行深刻的灵魂沟通、
交流。

19. 公众演说是吸引另一半、建立幸福家庭的有效方法

公众演说是一个开放的平台，当我们在演说台上光芒四射的时候，
自然就会吸引不同异性的关注，这些异性当中就会有我们另一半的存在。
当我们找到自己生命中另一半的时候，建立幸福家庭就成了水到渠成的
事情。

通过公众演说，我们建立了属于自己的个人魅力和个人品牌，在我
们最好的一面被完美地展示出来的时候，我们就会成为异性眼中最完美的
人，我们的选择也会更加丰富。因此，建立一个人人羡慕的幸福家庭的机
会也会比任何人都要多。

20.公众演说是让你妻子离不开你的有效方法

演说家在属于自己的公众演说的舞台上是有魅力的人，如此具有吸引力的男人，一定会让自己的妻子永远都爱你，无法离开你。

事业的成功对于一个男人来说是非常重要的，而所有世界级的超级演说大师都是非常有魅力的男人，同时也拥有成功的事业。因此，公众演说不仅给了演说家事业，也给了让自己的妻子都不离开你的有效方法。没有一个女人会离开一个充满魅力而且有着成功事业的丈夫。

21.公众演说是让中国成为世界第一经济强国的快速方法

中国要想成为世界第一经济强国，中国的企业家就必须成为世界级的超级演说大师。通过公众演说这个平台，中国的企业家不仅可以成功地传递自己的思想和经营理念，而且可以成功地将中国企业宣传给世界，并且让世界看到中国企业和企业家的潜力。

公众演说可以让世界听到中国企业家的声音，并看到中国企业在世界市场中的竞争力，扩大整个中国企业在国际市场中的影响力，让全世界都清楚知道中国来了。

公众演说的21个好处都是实实在在，而不是华而不实的，每一个好处都可以给我们带来不止一方面的进步。开拓市场，提升个人素质，提高影响力和竞争力，以及对于我们个人生活方方面面的影响都是真实可行的。公众演说不仅能给予我们成功的事业，而且可以给予我们幸福的生活，并成就我们一生的卓尔不群。

魅力演说快速树立自信

　　演说是树立自信又好又快的方法。因为如果你要站在演说台上，对着几十个、上百上千个，甚至是上万个的听众演说，那么你就一定会做好充足的准备。你要备课，你还要熟悉演说的全部内容，你更要将自己的思想融入到演说中。这样一来，你的知识面和头脑中的智慧就会被全部开发并运用出来。当你站在演说台上看着台下的听众认真听你说的时候，你的自信就会树立起来。

　　许多演说家在成功之前，有的人口吃，有的人不自信，有的人懦弱，有的人胆怯。所以说，演说是提高自信的最好方法。我经常会对我的学员说："自信提高一百倍，你的能量和财富也会随着提高一百倍。一个人当他有自信的时候，他就会创造财富和奇迹。"

　　各行各业都有属于自己的行业精英，要想成为行业中的精英，你就必须先要欣赏自己、热爱自己、信任自己。一个连自己都不相信的人，是无论如何都不会获得别人的认同的，更不会成为一个行业的成功者。每一个人都会惧怕死亡和上台，因为上台演说是要在陌生人的面前来展示自我，但是当你克服了这样的恐惧的时候，自信就会自然而然地来到你的心里。所以，要想树立自信，就必须站在演说台上，成为一名出色的演说家。

　　我们要如何通过演说来树立自信呢？刚开始演说的时候，我们都会不知所措，因为一点点的差错，就会慌乱得不知如何是好。在我的演说课程上，每一个学员的第一次演说都会被录制下来，然后放给他和其他学员看，我就针对每一个学员所存在的问题给予指导。

　　我对我的学员说："自信有的时候很容易，实际上，自信就是要克服你内心的恐惧，一旦你不害怕了，你就会自信起来的。"

　　我也会教我的学员一些克服恐惧、建立自信的小技巧。比如：在第一次站上演说台的时候，不要急着开口，先用目光从左到右，再从右到左地巡视一下，然后微笑着问好。这样做不但会缓解自己的紧张情绪，而且会让听众感到亲切自然。

　　演说中快速建立自信的技巧还有许多，演说的时候要会问简单的问题，让听众能够直接回答YES还是NO的问题。比如：你可以微笑着问听众："想快乐的请举手。"因为每一个人都想快乐，不论他是富翁还是乞丐，也不论他是出于什么样的社会阶层，人人都想快乐。你还可以用一个笑话来做开场。

　　在这样的互动中，你可以从听众对你热情的态度中以及他们给予的快乐的笑声中获得并树立起自信。

　　在演说中树立自信是一件简单的事情。一、我们要重视演说时候的仪表仪容，一个干净清爽、风度翩翩的外表不但可以让听众给你打一个很好的印象分，而且会在无形中增加你的自信度。二、我们要学会积极的心理暗示，"因为我是最好的，所以我才会站在这里演说"。三、我们要会运用各种演说技巧，不会运用演说技巧就很难自信起来，技巧运用得好，自然而然就自信了。

　　在许多情况下，演说建立起来的自信是要通过听众的认同的，我们要在演说的过程中与听众获得共鸣，用我们饱满的激情去带动听众的积极性，让听众能够更好地理解我们的演说内容，并且真实地感受到我们内心的正能量。当我们站在演说台上的时候，要记得时刻提醒自己："在这里我才是专家，对于演说的内容我才是最了解的"，不要让怯懦和恐惧心理毁了你的演说。

无论你的听众对你的演说做出何种反应，你都必须牢牢地掌握主动权，要相信自己一定能够做到让听众认真地倾听你的观点和你的智慧。要想让演说充满魅力，就必须充满自信。演说能使我们快速地建立自信，而自信也能让我们的演说充满魅力。两者相辅相成，相得益彰。

公众演说是白手创业的绝好机会

我们必须充分地认识到公众演说的力量和影响力，公众演说在传播你的思想和知识的同时，也会给你带来白手创业的绝好机会。创业对于每一个人来说都不是轻松而简单的，然而没有人是天生的创业家和演说家，我们都需要后天的努力和勤奋来弥补我们先天的不足。所以，公众演说给了我们白手创业的机会，我们也要好好地运用这样的机会，来为自己创造出更多的财富和奇迹。

我对我的学员说："演说是白手起家最快捷的方法。"因为当你学会演说之后，你一定会有一套属于自己的演说，你的演说就是你的能力，而能力则是白手起家的根本。我的演说课程就是一个非常好的例子，中国有13亿人口，其中有许多的城市人口，而这些城市人口就是我的目标人群。如果我的学员每个人交给我1000元钱，那么10个人就是1万元钱，100个人就是10万元钱，1000个人就是100万元钱，1万个人就是1000万元钱。假如我有了1000万元钱，那么我的人生就一定有改变，也会改变自己的命运。当然，我不是骗人，不是空手套白狼，在公众演说中，我传递的一直是也始终是正确的思维、成熟的理论以及成功的方法和失败的教训。在价值上，我想它们是等量的。

安东尼·罗宾的经历就可以说明公众演说是白手起家的好途径，他从他的老师那里学会了一套公众演说，于是他将这套公众演说复制下来，卖给全世界的人，安东尼·罗宾就成了亿万富翁。17岁的安东尼·罗宾还是一个穷小子，当他需要1200美元来改变自己人生的时候，44家银行没有任何一家愿意贷款给他，因为不相信他的偿还能力，最后安东尼·罗宾洗厕所的那家银行的经理自掏腰包借给他1200美元，从此开启了安东尼·罗宾的另一种人生。他不仅凭着自己出色的演说为自己开创了事业，更用卓越的演说能力成为世界潜能激励大师、世界第一成功导师、世界第一潜能开发大师。

2008年1月15日，安东尼·罗宾在上海大舞台举行了声势浩大的演说会，他向所有的人提出了他个人追问了一生的问题："到底是什么引发了人们生活质量的巨大不同，有些人非常成功，有些人一辈子都非常失败，到底是什么让人成功？"而他用最实际的行动，给出了这个问题最好的答案：在短短6个小时的演说中，安东尼·罗宾就为自己和自己的团队创造了1000万人民币的收入。

实际上，创业就是这么简单的一件事情。只要你能够建立起自己的整套体系，然后再将自己的思想和理念推广出去，复制给每一个人，复制给社会的每一个阶层，那么你白手起家的创业就成功了。

美国地产大王唐纳德·特朗普是美国特朗普集团的董事长、总裁，特朗普赌场联营公司董事长，以及特朗普大西洋城联营公司董事长。唐纳德·特朗普是一个非常与众不同的企业家，他的最独特之处就是他不仅是一个出色的企业家，更是一个世界级的超级演说大师。在特朗普集团最初建立的时候，唐纳德·特朗普就是凭借着自己出色的演说能力为公司打开了利润的大门，赚到了自己的第一桶金。如今，唐纳德·特朗普的一场演说就能够创造利润150万美金。

乔·吉拉德是吉尼斯世界纪录中承认的世界上最成功的推销员，他在15年的时间里推销出13001辆雪佛兰汽车，他所创造出的推销奇迹至今无人打破。但是，在没有开始创业之前，乔·吉拉德是一个事业上彻底的失败者，他送过报纸，擦过皮鞋，做过锅炉工，盖过房子，却没有一件工作是做得成功的。当乔·吉拉德运用他的口才开始创业的时候，他成为一名普通的汽车推销员，在一对一的销售过程中，他平均每天都销售6辆汽车。出色的口才和演说能力不仅让乔·吉拉德成为世界最伟大的推销员，也让他成为世界级的超级演说大师。

世界第一谈判大师罗杰·道森不仅是美国总统的顾问、高参，也是世界上仅有的28名获颁CSP&CPAE（美国国家演说人协会与演说名人堂）认证的专业人员之一。罗杰·道森将谈判上升到一种艺术，他指出世界上80%的财富掌握在20%的手中，而80%的销售额是由20%的销售人员来完成的，这就是80/20法则。罗杰·道森在开始创业的时候，就是凭借着出色的口才以及演说能力开始了自己的谈判事业，他将口才和心理学融入自己的谈判中，做到了百分之百成交，成为世界上独一无二的演说兼谈判大师。

世界第一两性关系大师约翰·格雷用了整整7年的时间，在调查咨询了25000人之后，写出了《男人来自火星，女人来自金星》这本书。约翰·格雷不仅是当今世界当之无愧的心理学大师，也是洞悉和探索两性世界的两性关系大师。他的事业真是开始于他对自己口才的自信心，约翰·格雷不断地用自己的口才去走近陌生的男人、女人，走进他们的生活和心理，不仅了解和解析男人、女人们的生活，也用自身卓越的口才和演说能力帮助所有的男人、女人们更好、更幸福地相处和生活。

世界第一催眠大师马修·史维的童年是非常贫困的，他之所以能够白手起家并成为千万富翁，成为人类潜意识调整领域的最高权威，正是因为马修·史维过人的口才和人际沟通的演说能力。马修·史维在电视上、秀场上进行公众演说，用自己的催眠术激发出许多人的潜能力，不仅成就了自己的事业，也成就了更多人的事业。世界500强企业都视马修·史维为企业销售培训专家，他曾经多次为世界500强企业进行培训。

世界第一管理大师、"商业教皇"汤姆·彼得斯曾经被美国《财富》杂志宣称："我们生活在一个汤姆·彼得斯的时代。"他的每一个理论和每一场公众演说都能够在欧美的工商界引起"地震式"的振动效应。汤姆·彼得斯的文笔犀利敏锐，语言扼要并一针见血，他的公众演说常常收到语出惊人、语惊四座的效果。所有听过汤姆·彼得斯的公众演说的人都无法忘记这位"商业教皇"的风采、独树一帜的演说魅力，以及他的理念和思想。

世界第一领导力大师约翰·麦斯威尔每年都会为福布斯500强企业的董事长以及各个层次的领导者、政府要员等进行演说和培训。公众演说能力和卓越的口才每年都为他的企业和他自身创造出数以亿计的利润。2009年，约翰·麦斯威尔来到中国上海，为中国企业的领导者注入了最先进的领导力理念。2010年，约翰·麦斯威尔到中国主要省市进行巡回演说，让更多的中国企业家领略到了这位世界第一领导力大师的风采。

世界第一人际关系大师哈维·麦凯不仅是美国最完美的"万能先生"，更是美国麦凯信封公司董事长。哈维·麦凯几乎是美国当代社会的一个传奇人物，他每个小时的演说能创造4万美元的利润，而他每年用公众演说为公司创造的利润是7000多万美元。美国《纽约时报》评出的15本自我成长的最佳书籍中，就有哈维·麦凯的两本书《攻心为上》、《口渴之前先挖井》。哈维·麦凯凭借着卓越的公众演说完成了对自我的超越，创造了属于自己的奇迹时代。

世界第一畅销书作者马克·汉森的畅销书《心灵鸡汤》在美国《纽约时报》的畅销书排行榜上占据着第一位置长达10年之久。《心灵鸡汤》被翻译成40多种语言，发行到全世界56个国家，销售额已经达到了20亿美元。而马克·汉森不仅是一位世界级的超级演说大师，也是最受欢迎的财富传播者。他的公众演说被世界各地的人们视为开启财富大门的钥匙，他是全球最受欢迎的演说大师。

　　无论是中国的超级演说家，还是世界级的超级演说家，大多数人都有过一穷二白的日子，他们人生中的转折都是来自于公众演说。所以，学会了公众演说绝对是创业并拥有财富的快捷途径。

　　出色的公众演说能力是一种至关重要的生存技能。当然，没有人是天生的公众演说家，不过通过后天的努力和训练，大部分人都可以拥有超群的公众演说能力。卓越的公众演说能力不仅能给你提供从人群中脱颖而出的机会，而且会逐步成为你人际关系中非常重要的一个环节。通过公众演说，我们会得到千载难逢的白手创业的机会，并可以从中获得更多的人力、物力资源以及自我实现价值的空间。

　　公众演说对于每个工薪阶层的人来说，都是一项有着非凡意义的能力，它不仅能让你在职场中所向披靡，而且会为你的职业前途打下坚实而可靠的基础，并且开创出绝好的白手创业的契机。公众演说可以让看起来很复杂、很艰难的白手创业，变得非常的简单可行。公众演说对于每个人来说，都是一个人生的制高点，如果你不好好把握住这个制高点，那么很有可能会被后来者所超越，失去你人生中向上的机会。

　　当你能够自信满满地在公众的面前发表演说的时候，你就已经比其他人更早地占领了有利的先机，而这个机会可以让你出人头地，让你获得理想中的人生和生活。实际上，公众演说是一种非常重要的自我宣传，我们用公众演说的方法来向更多的人显示我们的才能和智慧，让更多的人懂得我们的理念和思想。如此一来，白手创业的机会也会自然而然地来到我们的身边。这个时候我们要做的，就是抓牢每一次白手创业的机会，让自己的财富和声望越来越多、越来越好。

　　因此，我们要抓住每一次公众演说的机会，不要害怕、不要恐惧，即使在刚开始的时候我们没有半点演说技巧，我们也要在公众的面前发出自己的声音，为自己的白手创业制造机会。如此一来，我们就会在自信的基础上，让其他人更多地接受我们的观点和理念。逐渐地，我们的演说技巧和能力也会慢慢地积累和上升，同时经过一次次的实战磨练，我们终将会成为一名出色的公众演说大师，成为人人羡慕的白手创业的富翁。

演说打造个人强大气场

　　演说首先是一场个人的大秀场，因为演说台上只有你一个人在说，所以演说能够帮助你打造出个人的强大气场。一场精彩绝伦的演说，需要我们用强大的个人魅力和能力去支撑，并且用鲜明的个人风格和思想去完成。所有成功的超级演说家都有着自己独树一帜的风格和特点，所以不要试图去模仿任何的演说风格，即使你模仿了别人，你也无法变成别人，反而会丧失自己的风格和优势。因此，用自己的思想和魅力打造属于自己最强也是最好的气场。

　　演说中我们要坚定地做自己，用自身的热情去影响听众，去改变他们的思维和观念。如此一来，我们才会将自己的风格淋漓尽致地展现出来，并且将自己的演说推向更高的阶梯。

　　历届美国总统都要有一项非常重要的能力，这就是演说。无论是电视演说还是即时演说，也无论是长篇演说还是简短演说，总之，美国总统必须会用演说的机会来树立起个人的风格以及魅力，打造出完全属于自我的强大气场。

　　美国总统是年薪制，他们的年薪在每年25万美元左右，其他需要的钱就必须通过个人的演说来募集，这些演说的目的就是要通过总统个人的魅力和演说中所表达出来的理念来筹集资金，以便总统可以做一些自己喜欢做的事情，而不至于负债累累。

要想通过演说来打造自己的强大气场，我们就必须在平常的日子里不断地努力练习，不能对演说有丝毫的懈怠，必须全力以赴，全身心地投入其中。当我们将演说的内容融入到自己的心中和思想里的时候，我们就可以用在演说台上的一举手一投足，将我们的个人魅力和风格表现得淋漓尽致，让听众在不知不觉的情况下被你的演说吸引，被你这个人吸引，这就是所谓的强大气场。

当你一个人站在演说台上，所有的人都会静悄悄地听你说。当你用稳定而充满激情的语调说出你的思想和理念并且带着强烈的个人魅力和风格，将你的认知和人生感悟与所有听众分享的时候，就是你最有风采、最有气场的时候。此时，我们的表现能力和沟通技巧都会帮助我们越来越自信，气场就会在风格、思想以及技巧的综合中，逐渐形成并且变得越来越强大。

演说是一门综合的艺术，它汇合了一切的个人因素和团队因素，这些因素就是我们演说气场的最终来源，将这些有利的因素充分地利用起来，并且运用得恰到好处是需要经过一段时间的努力和训练的。虽然说强大的气场需要许多因素的支持，但也不是一件办不到的事情。只要我们能够认识到演说的魅力和能量，抓住每一次演说的机会，将所有的有利因素都尽量地发挥出来，那么你的气场就会逐渐地强大起来。

因此，要想打造出个人的最强气场，就必须学会并学好演说，树立自己的个人魅力和风格，不可简单地模仿。如此一来，站在演说台上的我们就会拥有完全属于自己的强大气场。

演说是市场营销的一把利器

市场的竞争是日益激烈的，而市场的运作有完全属于市场的规律，我们无法左右更无法控制。那么，最好的方式就是加强我们的市场营销能力，在市场中开拓出属于我们的立足之地。如此一来，市场营销的能力就显得格外的重要，而演说则是市场营销中的一把利器。

演说能提高企业的市场竞争力，更能给企业带来很好的市场营销的效果。美国苹果公司的联合创始人史蒂夫·乔布斯就是一个非常成功的例子。美国苹果公司每一季的新品发布会都是由乔布斯做演说，乔布斯将演说内容做成PPT，直观而透彻地为听众讲解新产品的性能和使用方法。这样一来，通过乔布斯的演说，美国苹果公司的市场营销能力得到了加强，将产品销售到全世界几十个国家，从而建立起无人匹敌的苹果帝国。

有一次，我的一位朋友想要招商，他向我咨询什么样的招商才能够切实可行而有效，我建议他运用会议营销的方式来运作招商事宜。简单地说，就是让我的朋友将代理商都请到公司来，我对他们进行一次招商演说。演说完，我在现场解答各种问题。演说也是开发大客户的有效方法，这就是市场营销。

企业要想发展大客户，就要懂得有效地吸引客户，而演说就是吸引客户的一种很好方式。演说可以将企业的思想、魅力以及营销模式都展示给客户，不仅让客户一目了然地明白企业的商业价值，也为企业日后的市场营销打开了一扇通往成功的大门。

传统的营销方式是一对一的，而用演说来做营销是一对多的。因此，演说的营销方式更加快捷实用，并且营销效果更加显著。

许多世界级的演说大师都是非常了不起的市场营销演说家，比如国外的企业家安东尼·罗宾、罗伯特·清崎，还有美国现任总统巴拉克·奥巴马等，又如中国的企业家马云、俞敏洪、李开复等，他们的演说都是魅力无限的，而他们运用演说为企业的市场营销带来了无限生机。不断的演说可以不断地提升我们的影响力，而个人的影响力也提高了企业的市场竞争力，企业的竞争力是企业生存和发展的重中之重。

演说是一种很好的市场营销方法，因为演说可以让听众清楚、明白地懂得企业的销售理念、经营方式以及企业的产品优势，所以直观而简单地呈现就成就了企业的市场营销，扩大和发展了企业的市场营销。在推广企业产品的同时，也将企业的良好形象逐步地建立起来。如此一来，市场营销就起到了事半功倍的作用，而这一切都是演说起到的独一无二的作用。

毋庸置疑，演说就是一把利器，就是市场营销中的一把锋利的武器。通常情况下，我们都认为用演说来推进市场营销是一件非常困难的工作。然而，越是高难度的工作就越是考验我们的工作能力和胆识。让你的听众折服于你的高超演说中，不知不觉地进入到企业的产品中，为你的市场营销打下基础，打开大门，逐步将你的演说磨砺成企业在市场营销中最锋利、最所向披靡的利器。

因此，演说的魅力和能量不仅仅只作用于个人的事业，演说更是企业生存和发展不可或缺的武器和能力。演说不但是市场营销中的锋利武器，更是企业加强市场竞争力的有力法宝。我们成为演说家的动力来源于自我成功，而演说给我们带来的远远不止这些，当你深信自己已经是一名出色的超演说家的时候，就是你功成名就的时候。

　　一场一场的演说将我们的影响力推到一定的高度，我们的影响力也成为市场营销的有力支持。演说能力就是市场营销能力。演说不但可以打造属于个人的发展平台，更重要的是，出色的演说能为企业打开市场的大门，让企业在激烈的市场竞争中立于不败之地。

演说吸引合作伙伴，更吸引人才

演说是吸引合作伙伴和人才的一种快捷有效方法。因为，传统的招聘方式都是静态的，而演说是动态的。演说者将企业的发展理念以及个人的成长经历都展现给听众，这些动态的信息自然会吸引更多、更优秀的合作伙伴和人才来到你的身边，与你一起为共同的事业而努力奋斗。

我们在演说的时候会将自己的思想和理念融入其中，并且将个人的经历、未来的打算和工作方式等信息都融入自己的演说中。我在演说中就会说出自己对于工作的下一步打算，所以演说之后就会有志同道合的人找到我，想要加入我的团队，与我一起奋斗。还有的人知道我有出书的打算就找到我要求合作出版。因此，演说就是可以吸引人，吸引那些和我们有共同的理想和信念的优秀人才以及合作伙伴。

我的演说首先是吸引那些和我有着共同目标的人，我们的目标一致就说明我们是可以在一起共事的。阿里巴巴集团的主要创始人之一的马云就用演说吸引了无数优秀的人才。马云曾经到美国的哈佛大学演说。哈佛大学可是卧虎藏龙之地，马云要在这个舞台上展现出自己最优秀的一面，应该如何脱颖而出呢？他讲了他的企业，讲了他个人的成长，讲了他心中最大的目标就是要超越沃尔玛，还讲了他如何进入了世界500强的故事。

马云的演说在哈佛大学收到了非常好的效果，有许多哈佛大学的学生表示希望能够加入马云的阿里巴巴集团，为了他们共同的目标而贡献出自己的聪明才智。还有一些美国的投资人也找到马云，希望成为他的合作伙伴。马云在哈佛大学的演说是非常成功的，因为他不仅秀出了自我优秀的个人魅力，更将阿里巴巴集团的企业形象有效而真实地树立了起来。

要想用演说来吸引合作伙伴和优秀人才，就需要在演说中将你未来的方案、你的方向和梦想、你的创新和目标全部清楚地表述出来。真实的创新和目标才是最吸引人的地方，每一个人都有属于自己的梦想和追求，人才都是一些拥有大梦想的人，所以这些才是演说最能够吸引人的地方。

如果作为一名企业家竟然不会演说，那么就注定会失去许多的人才，失去许多的客户。不会演说的企业家不仅会损失打造个人品牌的有利时机，更加会损失打造企业文化和形象的机会。如此一来，个人和企业的影响力就会下降，企业在市场中的竞争力也会随之下降，企业的前途就会受到不良的影响。

由此可见，演说对于一名企业家来说是多么的重要，所以要想成为一名出色的企业家就必须学会演说，你演说能力的强弱与企业发展的前景有着不可分割的关联。简单地说，企业家要用演说来介绍自己企业的文化、实力、整体的价值观以及公司的未来战略。这些内容必须从企业老板的口中亲自说出，这样才会达到最佳的效果。

演说是吸引优秀人才和合作伙伴的一种很好的方式，演说不但可以将企业的未来、企业家的个人魅力完全准确地展现在听众面前，而且还让可能的合作伙伴看到企业的价值和发展空间，也让出类拔萃的人才了解企业、熟悉企业、热爱企业。

演说是一个非常好的开始，演说在企业家——企业——合作伙伴——人才四者之间搭建起一个有效沟通的平台，让各个方面的人都能在这个平台上进行平等的交流与合作，进而促进企业的发展和完善，并且将有利于企业的合作伙伴和人才都吸引到企业的旗下。所以，企业家必须是一个演说大师，因为演说可以帮助企业少走弯路，为企业得到更好的人才，为企业开拓更美好的未来。

公众演说的7大好处
——演说创造生命奇迹 / 第三章

演说，提高领导魅力的绝好途径

领导力就是影响力，而提高领导魅力的绝好途径就是演说。用演说来展现我们的领导魅力，并将自身的领导特质充分地发挥出来。如此一来，能够很好地提升自我的领导魅力，因为领导力的关键就是要吸引他人来跟随你，跟随你的目标和理想，跟随你的创新和发展。所以有人跟随我们就证明了我们具有一定的影响力，而影响力就是领导力。

个人的领导魅力就体现在你对别人能够产生多少影响上。如果一个领导既无法说明白自己要做的事情，也无法影响到身边的任何人，那么这个领导就注定要失败的。因为根本就没有人跟随他，他的思想和理念也没有人理解，如此下去，这样的领导只能成为光杆司令。

我的目标就是要培养出更多、更好的演说大师，我经常会对我的学员说："会演说的人的影响力比不会演说的人的影响力要高出一万倍。所以，会演说的人比不会演说的人的领导魅力也要高出一万倍。"

每一个人都有自己与众不同的一面，每一个企业也都有许多不同的情况。所以，作为企业的领导人，你一定是最了解自己企业所需的那一个人，通过的你的演说可以将企业的困难说出来，可以将企业下一步的规划说出来。当你的演说为企业创造出商机的时候，当你的演说救企业于危难

的时候，那么你的影响力和你的领导魅力就会毫无悬念地提高，企业中的
员工们就会对你心服口服，就会无时无刻地跟随着你，听你的指挥。这就
是所谓的领导魅力。

领导魅力不是单独存在的，它与个人魅力、企业文化、企业效
益以及处理危机时候的表现全部息息相关。一名会演说的领导人，
就可以与下属保持很好的沟通，让你的下属随时知道你下一步的计划
和目标。

假如一个领导人是一名演说大师的话，那么他的领导魅力就会
大大提高，自然就有很强的影响力。这就是为什么我们国家的领导人
都是非常优秀的演说大师的原因，比如毛泽东主席、周恩来总理等。
此外，所有优秀的企业家也都是演说大师，比如马云、俞敏洪、安东
尼·罗宾等。

演说可以帮助我们在领导魅力方面具有独特而卓越的表现，领导魅
力将会通过演说准确无误地传达出去，让听众都明白你这个领导要的是什
么、你要做什么、你的理想和目标是什么、企业的方向和发展是什么。如
此能够让企业上下一心的领导，绝对是一位充满领导魅力的人，也是一位
可以让企业更好、更快发展的领导人。企业中的成员都会跟随有魅力的领
导人，也会全心全意地去支持他、信任他。

我们的领导魅力就是我们对于他人和事情的影响力，而提高影响力
的快捷方式就是不断地演说，通过演说将我们的方针、政策以及企业的困
难和前景都清楚、明白地表达出来，让听众都能够清晰地听懂你的志向和
目标，并且将他们集合在你的领导之下，为了一个共同的目标发挥自己全
部的能量。

领导的魅力是来自于企业和个人的凝聚力，而企业家就是要用自己
的演说来让企业更加具有凝聚和影响力。这样的领导魅力在关键时刻完
全可以带领企业走出困境，并且在企业发展的过程中，良好的领导魅力更
可以为企业创造出无限的商机。演说不仅能提高领导魅力，更能让我们懂

得如何做一个领导人，知道作为一个领导人肩上有着沉重的责任。所以，我们必须学会并熟练地运用演说，让演说带着我们和我们的企业走向更加辉煌灿烂的明天。

演说前的7大准备
——讲台就是战场，不打无准备之战

第四章

演说台就等于是演说家的战场，既然是上战场，就不能打无准备之仗，所以演说前的准备就显得至关重要。演说前要充分做好以下准备：情绪上的准备、精神上的准备、态度上的准备、体力上的准备、对听众需求的准备、具体演说内容的准备和熟悉会场的准备。这些演说前的准备工作相辅相成，缺一不可，如有一方面没有准备到位，就会使演说的效果大打折扣。

情绪上的准备

　　演说前，我们需要将自己的情绪推向一个巅峰状态，抛开心中那些莫名其妙的恐惧，让快乐和正能量充满我们的内心。我们要告诉自己："我已经作好了准备，让全场的听众跟着我一起疯狂，一起热血澎湃，我要保持最好的巅峰状态来完成我的演说。"

　　情绪上的巅峰状态可以保证你的演说是充满活力的，而不是死气沉沉的。因为演说中最大的忌讳就是沉闷和无趣。一个熟悉的演说话题可以让我们战胜恐惧的心理，并充满热情。实际上，演说中的恐惧心理大多来自我们内心深处的不确定以及聚光灯下形成的孤独。大多数情况下，演说家会被孤立于听众之外。我们都希望将自己融入到大多数人中间，而演说台上只有你一个人，这样的想象让我们紧张而不知所措。要想彻底克服这种心理障碍，你就必须学习如何享受万众瞩目的境遇，并且将这样的孤独视为自己的一种荣誉，一种与众不同的荣耀。

　　我经常会对我的学员说："情绪上的准备是非常重要的，你的情绪饱满了，你才可能带动全场的听众的情绪。这样，你的演说才是充满热情和活力的，你说出来的话才具有力量。所以情绪要保持在巅峰状态是第一步的情绪准备。"

　　要想让自己的情绪保持在巅峰状态，我们还需要作一些辅助工作，比如看一些激励方面的书，这样可以让我们感到兴奋；看一些磁带、VCD或者上网学习一些对演说有帮助的知识；向行业中的佼佼者学习，学习他们的演说体系以及他们的演说技巧。这些都可以帮助自己提升情绪，达到兴奋的状态，让我们的情绪更加饱满。

　　还要学会用表情来表达你的内心情绪，让听众听到你高亢而热情的声音，看到你喜悦而兴奋的表情，这样做更有利于你的表达，并且能使你的演说充满激情和活力。用你的情绪去感染听众的情绪，让他们跟着你的感觉走，鼓励他们用自己的热情与你一起演说、互动。如果你是一个情绪上达到巅峰状态的演说者，那么你的演说一定是幽默、有趣的，并能给听众留下深刻印象。

　　在演说前的情绪准备中，你要练习积极的表现力，运用你的表情、语言来表达你的积极情绪，以此来达到调动全场情绪的目的。愉快的表情必须有巅峰的心态来做基础。如果你的情绪没有达到巅峰状态，那么听众是可以从你的演说中感受到的，这样就会让听众的积极情绪受到影响，以至于影响你演说的整体效果。如果在演说前，你作了充足的情绪准备，将自己的情绪提升并保持在一定的巅峰状态，那么在演说的过程中你的活力、热情、积极情绪就会随着你的演说散播到每一个听众的心里。这样全场的听众就会给予你积极的反馈，还会与你进行积极的互动，让演说现场变成一个有趣而欢乐的海洋。

　　情绪上的准备还有一个目的就是要让全场的听众与你保持一致，让你的情绪带动全场去一起完成这次演说。或许演说前我们多少都会有一些忐忑的情绪存在，但是你要用一切的手段将这些不安的情绪压制住，不让自己的情绪受到丝毫的不良影响。我们可以做一些自己喜欢的事情，和喜欢的朋友聊一聊天，反复用一些句子来激励自己。这样做的好处就是让我们的情绪始终处于积极状态，一点一点地提升我们的情绪，从而到达巅峰状态。

　　在演说前，第一步就是情绪准备。如果没有积极的情绪，你的演说就注定是失败的。要想让情绪保持在巅峰状态，就必须学会克服恐惧心理，享受演说台上的荣耀，并且用一些技巧来激励自己，将所有的积极情绪都存储在自己的内心中，等到正式演说时再把这些积极情绪释放出来。如此一来，演说就一定是充满激情、活力与力量的。

精力上的准备

　　演说前，尽量不要让自己过于紧张和疲劳。特别是第一次作公众演说的时候，大多数人都会因为紧张而睡眠不好，以至于在演说的过程中因精力不足而导致演说的失败。所以，在演说前一定要保持精力的充沛。无论工作有多忙，无论这次演说对你有多么重要，你都必须注重劳逸结合，不可过度劳累，一定要保证睡眠时间和质量。

　　如果明天就有一次非常重要的演说，而我们的心里非常紧张，反反复复地复习演说材料，结果晚上两三点钟才上床睡觉，那么在第二天的演说中，一定是精力不济的。所以，为了演说的成功，我们必须准时睡觉，保证自己有充沛的精力来完成我们的演说。一般情况下，造成我们在演说中精力不济的原因主要有两点：

　　一、工作过多，过于疲劳

　　演说家每天的工作量都是非常大的，往往是一场演说接着下一场演说，根本就没有休息调整的时间，所以就出现了演说家由于工作繁忙而过度疲劳的情况。要解决这个问题，我们就必须学会放松自己，做到劳逸结合，我们应该知道休息是为了更好地工作。如果我们始终处于疲劳状态，那么我们的演说又怎么可能精彩而出色呢？

二、精神紧张，睡眠不足

演说家在演说前感到精神紧张是一件正常的事。因为无论我们演说过多少场、有过怎样的演说历练，对于下一场演说还是没有百分之百的把握。虽然因为紧张而不眠不休地作准备证明了我们对工作的认真负责，但是也说明了我们作为演说家的不成熟。因此，在演说前，演说家要充分地放松精神，让自己有高质量的睡眠，并保证以充沛的精力出现在全场听众的面前，从而完成一场精彩而出色的演说。

我的学员曾经这样问我："老师，我在演说前经常因为过于紧张而无法入睡，结果导致第二天精力不济而无法出色地完成演说。你说在这样的情况下，我应该怎么办呢？"

我对他说："实际上，精神上的紧张就是来源于内心的恐惧与不自信。如果你实在无法入睡，就不要强迫自己。你可以做一些事情来放松神经或者转移一下注意力，或者是躺在床上默背明天的演说稿。总之，怎样做能够让你放松下来，你就怎样去做。"

我也曾经有过像这名学员一样的经历，我找到了一个让自己能够完全放松下来的方法。我安静地躺在床上，在头脑中想象第二天的演说，从我的着装打扮到我第一句话说什么、从演说内容到演说效果、我在什么地方可以开个玩笑、在什么地方可以进行互动，等等。就这样慢慢地想着想着，我就在不知不觉中睡着了。

总之，保证充足的睡眠才能够保证演说过程中的精力充沛。所以，演说前就是要保持精力的饱满，不让繁忙的工作和疲劳毁了我们的演说。

演说前的精力准备直接关系到演说的质量，如果我们用萎靡不振的状态去演说，不仅是对演说的忽视，更是对全场听众的不尊重。所以在演说前，我们要合理安排工作时间，尽量放松心情和精神，让我们的精力能够始终保持在一个非常良好的状态中，为我们的演说作好精力上的准备。

有了精力，我们才能够充满力量地完成演说；有了精力，我们才能够让全场的听众跟随我们；有了精力，我们才能够妙语连珠。而精力上的准备主要是要保证睡眠的时间和质量，并且做到放松心情，克服紧张的情绪，使自己以一颗平常心来面对演说、面对全场的听众。

精力充沛的演说家是优秀的，也是能够吸引听众的，我们要在精力上作出准备就是要让自己看起来风度翩翩、神采奕奕，并且让整场的演说没有丝毫的遗憾，让全场的听众认为我们的演说是物超所值的。这，才是一个演说家应该尽到的责任。

态度上的准备

演说的态度就是我们演说的宗旨和使命，演说前我们必须清楚自己站在演说台上是为了什么、我们要达到什么样的目标、我们需要完成什么样的使命，等等。演说的态度能够决定我们的演说究竟获得多大的成功和要面对怎样的遗憾。因此，演说前在态度上的准备是不能有一丝一毫马虎的，端正的态度可以扩大演说的影响力，让我们演说的宗旨和使命都得到非常好的贯彻和落实，从而进一步促进演说良好效果的产生。

1. 带着使命感去演说

我在演说的时候就非常清楚自己的使命，我的使命就是要帮助中国的大多数企业家都成为超级演说大师，并且超越国外的企业家。中国的企业家大多数都是不善言辞的，他们正是因为不会演说而错失了许多的发展机会，也失去了证明企业的机会。所以我带着鲜明的使命感去演说，就能够将演说的意义和价值推到一个非常高的高度，获得很好的演说效果。

带着使命感去演说对于每一个演说家都是必须作好的准备。如果作为演说家，你不知道、不清楚自己的演说使命，那么你的演说就是盲目的、不知所云的。如此的演说怎么可能会获得好的口碑和效果呢？作为演说主讲人，你也不会受到听众的欢迎和尊重。

因此，演说前必须明确我们的使命，让这种使命在我们的心里扎根，然后带着使命感去完成演说。如此，我们的演说就会被更多的人认同并接受，听众会知道我们是真心要帮助他人。

2. 塑造演说价值

演说是否有价值就在于我们的演说能否为有需要的人提供帮助，或者说我们的演说内容是不是能够让人们觉得物有所值甚至是物超所值。如果我们的演说没有任何价值，那么我们不但会毁掉自己辛辛苦苦建立起来的个人品牌，而且会让我们的内心感到惴惴不安，从而丧失对自我的信心。

因此，我们要塑造出演说的价值，并且让听众都看到这种价值，不让演说的价值成为听得到、看不见的东西，而是要让听众真实地看到并感受到我们演说的价值。塑造出完全属于我们的演说价值，明白准确地告诉我们自己："我的演说是具有价值的，而这种价值就是帮助了有需要的人，让他们明白演说的重要性。"

3. 感谢听众给我机会

懂得感恩不仅是每一个演说家都需要明白的道理，更是我们每一个人都需要时刻放在心里的情绪。感恩听众是因为听众给了我们这个演说的机会，也是听众认真地听我们说，才让我们有机会淋漓尽致地表达自我观点和理念。简单地说，听众在给予演说家尊重的同时，也给予了演说家财富。所以，我们必须感谢听演说的每一位听众。

在态度上，每一个演说家都必须真心诚意地感谢听众，这样的感谢必须是发自内心、自觉自愿的。听众给了我们演说的机会使得我们站在演说台上享受荣耀和荣誉，演说家的一切都是听众给予的，我们要真心感谢每一位听众，感谢听众给自己演说的机会。

4. 尊重每一位听众

尊重每一位坐在会场中聆听我们演说的听众，这不是一句空话，而是我们要从态度上真真实实做到的。如果我们在演说的时候，心里没有演说或者有演说而没有听众，那你对于听众的不尊重就会在你的演说中流露出来。那么，听众对于一个不尊重他们的演说家，自然也不会有任何的好感，并且绝对不会接受你以及你的演说内容。

我们需要在态度上尊重每一位听众，将这种尊重表现在演说时的衣着上、表情上以及整个会场的布置上。让每一位听众知道我们是从内心尊重他们的。如此一来，听众也会从内心尊重演说家，并且愿意接受演说家的理念和观点。

5. 勤于练习

在演说的过程中，必须保持一定的流畅度，如果一场演说都在结结巴巴、磕磕绊绊地照本宣科地读着演说词，那么听众要么会睡觉，要么会走神。总之没有任何一个人会喜欢这样的一场演说。要想保证演说的流畅度，就必须在演说前勤于练习，不能够因为熟悉演说内容，就怠慢这场演说。

所以，在演说前我们必须勤于练习，熟悉演说的内容，练习自己的表情和语气，让自己在不断练习、练习、再练习的过程中保持一种良好的精神状态。演说前，我们要抓住一切时间练习，不论时间是否充裕，都必须利用一切空闲时间练习。

　　演说前，在态度上的准备就是以上的这几个方面。总体说来，我们要端正态度，将演说中的每一个环节都准备周全。态度决定一切，没有端正的态度就没有成功的演说。因此，态度上的准备要认真而虚心，端正的态度就是成功的一半。

体力上的准备

一场演说需要的时间很长，要是一场演说加上培训就很可能需要一天甚至是几天的时间，这些都对演说家的体力提出了很高的要求。因此，我们在每一场的演说前都必须要做好体力上的准备，并且让体力保持在一个良好的状态下。如此一来，就可以避免因为体力不好而影响到演说进程的事情发生了。

俗话说：人吃五谷杂粮，哪有不生病的。演说家也是普通人，所以难免会有头疼脑热的时候。为了避免疾病影响我们的演说，我们就必须在平常的日子里，特别是在演说前做好保健和锻炼来保证我们的演说体力。

1. 讲究饮食

演说家因为工作的特殊性很容易造成饮食的不规律，会出现暴饮暴食的情况。这就非常不利于身体的健康，所以在演说前一定不要吃得太饱，不要大鱼大肉地吃，更不要以为这样就能够起到补充体力的效果。演说家无论是在平时还是在演说前，都必须要讲究饮食。在这方面，安东尼·罗宾就是我们的好榜样。不管他在世界的哪个国家演说，都带着榨汁机。因为鲜榨的果汁里含有多种维生素，而维生素是人体必不可少的营养品。就算有的时候不能够按时吃饭，那么一杯鲜榨的果汁也是可以补充人体所需要的营养的。

从饮食方面来说，演说前最忌讳吃得太饱。因为我们吃饱了，反而就没有力气去演说了，我们会感觉到身体疲惫、精神倦怠。还要注意饮食中的荤素搭配，这样才能够均衡地摄取营养，保证身体所需，少生病甚至不生病。比如多吃谷物和水果，因为水果最能够增加体力。

饮食的准备并不是一朝一夕的事情。我们要在平时就养成好的饮食习惯，讲究饮食的科学性，让好的饮食习惯为我们的体力作保证。

2. 多补充矿物质

矿物质和维生素都是人体必需的营养物质，但矿物质是我们自身无法产生的。所以，我们必须通过外界的补充来满足自身对矿物质的需求。矿物质对于我们保持体力来说非常重要，因为人体在缺乏矿物质时会发生一些不良的反应，比如体虚、乏力、精神无法集中、记忆力衰退，等等。这些不良的反应在损害我们身体的同时，也会直接影响到我们演说中的体力和效果。

因此，在演说前，我们要多喝含矿物质的矿泉水、多吃能够补充矿物质的食物，以保证我们的身体不缺乏矿物质的含量。特别是在天气炎热的夏天，我们很容易随着出汗而流失大量的矿物质，千万不要因为嫌麻烦而少喝水甚至不喝水，这样会对保持体力起到反作用。

不仅是在演说前，在平时的生活中我们就要养成多补充矿物质的良好习惯，从多种食物中摄取足够的矿物质，特别要经常喝矿泉水、吃含矿物质的食物，以此在体力上作好充足的准备。

3.平时多运动

在演说前的一系列体力准备中，运动是最关键也是最重要的一环。因为只有平时多运动，在演说的关键时刻才能够让我们的体力保持在一个良好的状态上，所以运动就是保持体力的最好方式。

演说对于演说家的体力有着很高的要求，所以一般的演说家都有自己喜欢的运动，比如我本人喜欢跑步和游泳，陈安之喜欢打篮球，有的演说家喜欢保龄球或者高尔夫球，等等。这些运动都需要常年的坚持，坚持运动就能够使你拥有一个好身体，而过人的体力则是演说家必须具备的身体素质。运动不仅可以锻炼身体，还可以让大脑保持清醒，让我们的身体保持一个年轻的状态。

因此，演说家在平时就要多运动。在保持良好体力的同时，也保持清醒而活跃的思维，让我们永远都不会变得沉闷和陈旧，这才是演说家多运动的真正意义。

在演说前，保持最佳的体力状态是非常重要的。我们在为几千人演说的时候，体力就是其中一项最具说服力的内容。我们不仅用我们的知识和智慧去演说，也要用我们的最佳体力去说服听众，让我们的演说充满魅力和激情，让我们的听众信服我们、听从我们，进而跟随我们，以达到演说效果的最大化。所以，世界上任何一个超级演说大师都是健康而充满活力的人。

对听众需求的准备

对于演说家来说，我们必须在演说前就弄清楚听众的需求。因为听众的需求是第一位的，比如演说现场哪一位听众的地位最高，在正式演说前我们就应该先感谢一下这位听众；要是在企业演说，就要感谢一些企业的领导人；要是在高校里演说，我们就需要感谢一些高校的校长；要是到政府演说，就要感谢一下政府中的最高领导人。这些都要视当时的情况而定，但是对于听众的需求我们一定要做到心中有数。

针对听众的需求，我们要事先做一些调查问卷。我们要知道这次听演说的听众曾经听过哪些演说家的演说，他们觉得哪里好哪里不好，他们对什么样的话题最感兴趣，对于哪些话题觉得没有意思，对于我们的这次演说期待是什么，需要从我们的演说中解决什么样的问题……这些都是我们演说前需要知道的听众需求。因为一场出色的演说的关键不是我们说了怎样的内容，而是我们解决了多少问题。

我在每一场的演说前都会根据听众的需求而变化演说的内容，因为演说好不好就在于我是不是能够对症下药，解决听众所要解决的问题。在演说的过程中，不仅内容需要根据听众需求随时更新，互动环节也要根据听众的群体不同而有所变化。如此一来，我的演说是动态的，也是根据听众的不同而有所不同的，当然，满足听众需求的前提是我完全掌握听众的需求。

在大学演说的时候，我在刚开始的半小时中，主要讲到我自己这些年的变化，首先让听众了解、熟悉我。然后，讲到我的工作方法以及在大学中如何能够找到最适合自身的工作方法。这部分大概讲半个小时，最后我开始回答在场听众的问题，大概回答20个问题。这是根据时间而定，我一个问题一个问题地解决，并为听众提出切实可行的问题解决方案。

听众的需求中还包括了他们可能提出的反对意见，对于这个方面，也要作好充足的准备。对于听众的反对意见，一定要在第一时间作出迅速的反应以及给出最准确的解决方案。如此一来，听众就会认同我们的演说内容以及我们个人的影响力。

如果我们在演说前对于听众的具体需求没有一个正确而充分的认识，那么听众就会在演说的过程中质疑我们的影响力甚至会觉得花钱来听我们演说不值得。这种情况是非常糟糕的，在遇到这种情况的时候，不要恐惧和慌张，我们可以根据当时的情况来解决，比如听众觉得你太年轻了，你就说一个自己年轻的故事；听众觉得你没有影响力，你可以将你以往的优秀成绩说给他们听。总之，我们要在满足听众需求的基础上用事实来说话。

我有一个学员在刚开始的时候对于我的课程非常质疑，我对他说："第一天上完课程，如果你不满意的话，我可以立即将费用退给你。"结果上了四天的课程之后，这个学员对我说："王老师，你赶快教我演说吧！我现在特别相信你。"

实际上，我的话排除了他的一个心理障碍。于是，在以后几天的课程中，我逐步地训练他，让他自己对我有一种足够的信赖感。这些变化就是因为我知道他的需求是什么，他的需求就是要找一个演说的权威人士，然后学习最好的演说技巧，培养自身的演说能力。我对症下药了，所以我成功了。

　　听众的需求就是我们演说的目的，我们要在演说中解决听众需要解决的问题。这样的演说才是听众心目中好的演说。我们对演说的一切准备都是围绕着听众展开的，而要满足听众的需求，我们就要让他们看到真实的证据。没有证据，听众就不会相信我们。

　　一句话，我们必须对症下药，切实可行地帮助听众解决问题，这样的演说才是成功而出色的演说。

具体内容的准备

　　演说具体内容的准备，包括对演说所用的材料、素材、视频、书籍、图片等一切与演说内容相关联资料的收集和熟悉。演说内容准备得越充分，我们演说的结果就可能越好，越能够达到我们的预期目标。

　　演说的内容要保持一定的新鲜度，能够用一些听众没有接触过的、最新的知识和素材做演说的内容。因为新鲜感是每一个人都喜欢的，没有变化的演说是无法吸引听众的。保持新鲜感可以给我们的演说加分，而保持新鲜感的关键就是要了解你的听众。我们演说的内容要随时更新，不能因循守旧、停滞不前。我们要做别人做不到的事情，做别人无法想象的事情。要想做到这一点，我们就需要不断地学习，并不断更新自己的知识内容，将我们的演说内容做到"人无我有，人有我优"。

　　我在每一场演说前都会为自己的演说内容作好充分的准备。我很清楚演说要达到的目标就是让中国的大多数企业家成为超级演说大师，那么我就收集能够帮助我达成这个目标的所有资料，比如美国总统奥巴马的募集资金的演说视频、马云关于风险投资和谈判的演说、毛主席的讲话以及胡锦涛主席的演说，等等。

　　收集这些资料都是为了丰富我的演说内容，为我的演说作准备。演说内容的关键部分还是要靠我自己来完善的。阿里巴巴集团创始人马云说过:"阿里巴巴集团可以拷贝一个,但是其他人无法拷贝我的父母,也无法拷贝我的历史。"这句话对我的启发非常大:我就是全球唯一的特种部队演说家,其他人无法拷贝我的特种兵经历,也无法拷贝我每天3~5场演说积累下来的经验。

实际上,其他人无法拷贝下来的事情就是我独一无二的经历和经验,这些都是能够使演说内容更加丰富的资料。所以,具体的演说内容需要公众资料,更需要个人资料,将这些资料融合进来,演说内容才会更加丰富多彩、动人心魄。

这个世界上每天都有不同故事发生,每个人的身上也在发生着不同的变化,这些变化都可以作为演说的内容。我们在演说中不但要将别人的故事,也要将自己的经历整理成故事讲给听众们。我们在每一天的努力奋斗中都会创造出许多故事,所以我们每一天的演说内容就会有新的故事加入。另外,我们在为具体内容作准备的时候,还要多听大师们的演说、多听名人的电视采访、多听国内和国外的老师们的演说,以此来丰富自己的演说内容,及时更新自己的知识体系。

古语有云:"读万卷书,行万里路。"我们不应该做一个读死书、死读书的演说家,而应该走出去,到全国各地、全世界各地去旅游和参观。因为旅游就是行万里路,旅游不仅能够让我们见识到不同的人文地理,而且会开阔我们的视野,提高我们的精神素质。然后,我们可以将我们的旅游见闻做成PPT,放入演说内容中。如此声情并茂的演说一定会吸引更多不同阶层的听众,从而使我们的演说取得更大的成功。

演说前在具体内容上的准备是一项繁琐的工作,内容的多变与丰富是演说成功的基本保证,而充足的内容也是吸引听众最有利的方法。要想站在演说台上的时候有足够的自信和魅力,我们就需要将演说的具体内容融入到自己的头脑中。当你的演说稿不是背出来的,而是自然而然用自己的风格说出来的时候,就是你的演说即将成功的时候。

　　因此，在准备具体内容的时候，不仅要资料充足，而且要充分地了解和熟悉资料，将演说内容变成自己心里的话。如此一来，我们的演说才会充满活力，我们的语言才会充满力量，我们才会达到演说的预期目标，最终成为一名优秀而出色的演说大师。

熟悉会场的准备

　　演说家对会场的熟悉了解的程度，直接关系到演说的成败。因为在演说的过程中，会场中有太多的因素会影响到演说家的情绪、演说的效果以及演说家与听众的现场互动。所以，演说前我们需要将会场中的情况都了解和熟悉到位，不能够有一丝一毫的懈怠。这就要求演说家每一场的演说都要预先到会场去看一看，亲自站在演说台上去体验一回，这样做的目的就是不让会场中的任何因素来破坏演说的效果。

　　我的每一场演说，只要有条件我都要到会场中实地感受。如果我第二天要演说，那么我一定要亲自到会场去看一看，在台上台下走一走，这样我就能清楚我应该从哪里上台、站在什么位置效果最好。我会拿起话筒，预演一下演说的现场，感觉一下现场的氛围。站在现场的舞台上，我会清楚地知道舞台背景墙是什么样子、哪里是放音乐的地方、哪里布置得好、哪里还需要改进。对会场了如指掌，才会更加一心一意地完成演说。

　　世界级超级激励演说大师安东尼·罗宾就是这方面最好的榜样。安东尼·罗宾在演说前都要派出一支非常专业的团队到实地检查会场布置，他自己也会抽出时间亲自到会场检查。有一次，安东尼·罗宾发现演说台比平时高出一层，他认为高出来的一层会影响到他与现场听众的互动沟通，于是为了重新布置这个舞台，安东尼·罗宾又多花了50万元人民币。有些人认为安东尼·罗宾的举动没有必要，但是作为演说大师，这样的行为是必须的，更是不能够忽视和怠慢的。

演说家必须熟悉了解会场，这样的准备不能忽视。演说会场中的背景墙、工具、音乐、演说台、插线板、投影仪……所有的布置都必须一一检查过、使用过。这样，才能够保证我们演说的顺利进行和演说效果的最大化。

我们在检查会场布置的时候，要重点检查一下演说台的布置，切记不要在演说台上放太多的东西。演说的主办方有时候出于好意放上的东西，会影响到我们的演说。如果演说台上放的东西太多，在演说的时候就会有顾虑。因为害怕不小心会损坏这些东西，所以会变得缩手缩脚、小心翼翼，从而影响到正常发挥。演说台上的东西过多，也会分散听众的注意力，听众很容易把注意力集中在演说台放着的东西上，而根本没有听到我们在说些什么。

会场中明亮而充足的照明也是保证演说质量的关键之一，光明而温暖的灯光会让听众产生心情宁静、心胸开阔的感觉，因为听众的情绪决定他们对演说内容的接受程度。如果演说会场的光线不足，就会让听众产生烦躁、焦虑、不安等不良心理反应，那么演说家多么精彩出色的演说都会在效果上大打折扣。因此，演说会场需要有充足的光线，以保证演说家和听众不会因为光线问题而为演说留下遗憾。

每一个成功的演说家都有亲自到演说会场检查的职业习惯，因为要想在一个完全陌生的环境中做一场精彩绝伦的演说几乎是不可能的。所以，对于熟悉了解会场的情况，演说家都非常重视而不敢忽视。

演说会场的布置是非常细致和讲究的，哪怕有一点点的疏忽都会影响到演说家和听众。环境对于人的影响是巨大而明确的，因此需要我们对演说会场亲力亲为，一个背景、一根电线、一把椅子甚至是一个螺丝都要按照我们的习惯来布置，这样做就可以先排除一些对演说不利的条件。当我们熟悉了解了演说会场，我们就会感觉是在非常熟悉的环境下进行演说，这样的心理不仅对演说有利，更重要的是可以提升我们的演说效果，让听众看到我们最好的一面。

超级演说大师在演说前要做好以上七大准备，演说前准备得越充分，演说的过程就会越精彩，演说家就会更自信，听众也会获得更多的知识和信息。因此，演说前的七大准备必须逐一落实，切记不可马虎了事。

演说前必须回答的6个关键问题

——要征服听众，先征服自己

第五章

演说家要想帮助和影响别人，首先要建立自我强大的内心体系，要在征服听众之前先征服自己。要想成为超级演说大师，我们就要来回答6大问题：你是谁？为什么听你讲？你要讲什么？你讲的对听众有什么好处？如何证明你说的是真的？听众为什么听了你的演说就要采取行动？如果能将这6大问题说清楚、讲明白，那么我们的内心就不会再有恐惧和不安，当我们站在演说台上的时候，就会用自信和实力来吸引听众，赢得人生。

你是谁

　　在回答"你是谁"这个问题的时候，演说家既是回答听众心中的疑问，也是为自己在内心里作一个定位。我们首先要给出这个问题的答案，告诉听众"你是谁"。你既是现场的演说家，也是一个有着丰富阅历的人，你的成绩、形象、过去的辉煌都能说明这个问题。如果我们没有交代清楚"你是谁"的问题，那么我们的演说就无法顺畅地进行下去。

　　因此，我们要尽可能动用技巧和手段来说清楚"你是谁"，让听众都明白你是一个有血有肉有感情的、立体的演说家。我们要用全部的激情来诠释这个问题，我们要用饱满的情绪、富于表现力的语言、挺拔的身姿以及和蔼可亲的表情和眼神来说明"你是谁"。回答这个问题的意义就是，对于听众来说，他们认识了并且逐步熟悉了你、知道自己在听谁的演说、演说的这个人是一个什么样子的演说家；对于我们自身来说，内心对自我的准确定位可以让我们发挥出自己最大的正能量，并且强化我们的自信心和自豪感。

　　我在演说过程中，首先会用一段关于我的视频来解答"你是谁"这个问题。然后，我会将自己的主要经历告诉听众，我是如何成为演说家的、我要如何帮助中国的企业家都成为演说大师、我的成长、父母、历史……这些我都会综合地讲出来。

其次，我还要讲到我的成功是什么、我的失败在哪里、我的遗憾又是什么，将我个人的喜怒哀乐都讲出来和现场的听众分享。这样做，听众就会觉得我是一个朋友、一个导师，然后对我就没有陌生感了。

我之所以敢在所有的听众面前深度地剖析自我，正是因为我内心中对于自我的肯定，这也是一种自信心的表现。因为我清楚地知道自己是谁、知道自己的优势和缺点、知道自己的方向和目标。只有当一个人完全清楚自己是谁的时候，才能够真正回答"你是谁"这个问题。

我们演说的听众或许是第一次知道你这个人，也是第一次来听你的演说。作为一个专业的演说家，就必须具备自己独特的风格。因为只有我们最了解自己，所以也只有我们能够回答"你是谁"。

"你是谁"不是一个简单的问题。运用好这个问题，它就会变成我们和听众之间的一座桥梁，将现场的听众直接带入到我们的演说中。我们要在演说刚开始的时候就将全部的个人信息准确无误地告诉听众，这样做既有利于听众了解我们，也为演说过程中我们与听众的互动沟通打下了良好的基础。

在回答"你是谁"的时候，不要将自己过多的头衔罗列出来，只要说明你的身份和你所具有的影响力就可以了，否则会让听众对你产生厌烦和排斥的情绪。既要听众明白我们的身份和地位，又要让听众觉得亲切自然。实际上，那些将自己的全部头衔都罗列出来的演说家只能够证明他们内心里对自己能力的不确定以及对自己的不自信。

因此，我们必须用激情和内心说出"你是谁"的答案，由此来证明自我的价值以及告诉现场的听众我们的演说绝对值得一听，也绝对是物有所值的。对于每一个演说家来说，自我认识和自我肯定都是非常重要的。如果我们都不知道自己是谁，那么让听众如何了解和熟悉我们呢？

当然，每一个演说家的影响力和自我定位都是不同的，但是唯一的相同点就是要让听众首先接受我们。这样一来，我们才能够将演说继续下

去，才能够调动所有的聪明才智达到我们演说的预期目标。这在扩大我们
自身影响力的同时，也能够帮助现场的听众解决他们的问题。"你是谁"
与演说家与听众都是关联在一起的，这个问题能够让我们征服听众、肯定
自我。

为什么听你讲

　　每一个演说家都遇到过这样的情况：辛辛苦苦准备的演说并没有得到听众的积极响应，在演说中所提到的问题也没有听众来回答，现场演说的效果和演说后的反应都是非常糟糕的。这是为什么呢？就是因为我们没有回答"为什么听你讲"这个问题。

　　回答"为什么听你讲"的意义在于：对于现场听众来说他们需要找到一个进入你的演说的一个支点：我为什么要听你讲，而不是听其他的人讲，听你讲的价值和意义是什么；对于演说家来说，我们需要打开听众的心，让他们明白我们演说的价值和意义。这个问题无论是对于现场的听众还是演说家，都是至关重要的。因为只有回答好"为什么听你讲"，听众才会心平气和地坐下来，我们也才能够将自己的思想和理念说给他们听。

　　我在一次演说中被问到这样的问题："听你讲就会和你一样吗？""听你讲可以学会演说吗？"

　　我是这样回答的："首先你们还要知道我是谁。我是一个演说家，我读了9年小学，5年初中，我是一个连高中都没有考上的人。但是现在我是大学里的客座教授，我曾经在3年的时间里创造了一百多亿的销售额，十亿元的利润。这些都是我创业所取得的成绩。正是因为我有这些经历和成绩而你没有，所以你就要听我讲。"

我是演说家，我有丰富的经历和傲人的成就。所以，我是一个成功者。那么，如果你想成功，想成为像我一样的人，你就要安心地听我讲。这就是我对"为什么听你讲"这个问题的回答。因为我走过的路上有许多值得听众借鉴的经验和教训，因为我能够回答听众的困惑和问题，所以我才能够站在演说台上发出自己的声音，让台下的听众都听我讲。

"为什么听你讲"不仅是给听众一个支点，也是给自我一份自信。实际上，问题的答案很简单，就是听我讲，因为我能够解决你的问题。

我们在演说的过程中，要有掌控全场的能力。只有当我们抓住了听众的心，听众才会安静地听我们讲，才会接受我们演说的内容和理念。当然，每一场演说我们都需要运用一些演说技巧来达到目标，当我们清晰地阐述明白"为什么听你讲"这个问题的时候，我们在听众的心中才会具有一定的分量。因为听众开始知道，听你讲可以收获一些知识，听你讲可以使他们的人生有所改变。所以，听众会安心、安静地听你讲。

大多数情况下，要想获得听众的积极配合并不是一件非常困难的事情。但是，如果我们没有说清楚"为什么听你讲"，那么就很可能会无法掌控现场。听众会有不耐烦的表现，比如玩手机、打瞌睡、低声说话，甚至是提前离场。在这种情况下，我们的演说情绪就会受到严重的冲击，很可能导致演说草草收场。

因此，我们需要在演说的开头部分就解决"为什么听你讲"的问题。这样做不仅是为了让听众集中精力听演说，更是为了使我们辛苦准备的演说能够顺畅地进行下去。只有这样，我们的演说才能够具有应有的价值和意义，我们才会帮助到有需要的人，我们才会将自己的目标变成大家的目标，将自己的智慧传递给更多的人。

实际上，真正重要的不是你讲，而是你讲的意义何在、你讲的价值何在。没有人会浪费自己宝贵的时间去听一场毫无意义和价值的演说。不管演说家是否具有名气，也不管演说家是否为亿万富翁，我们必须将听众和演说家实在地联系到一起，让听众明白只有听我们讲才能够解决问题，只有听我们讲才不是浪费自己的时间。

当我们回答了"为什么听你讲"这个问题之后，我们会看到原来不十分耐烦的听众都安静下来了，我们与听众之间的互动沟通也变得顺畅起来，现场的气氛开始活跃，仿佛现场的听众都已经变成了我们演说的一个重要组成部分了。

你要讲什么

演说家要讲的就是听众要听的，听众的需求决定了演说家要讲的内容。如果一名演说家随意地决定"你要讲什么"，那么注定是不会有成功的演说的，也注定了无法通过演说来提高自身的影响力了。所以，"你要讲什么"对于听众来说是一个听下去的契机。演说的内容要与听众的需求相结合，适时地加入我们自己的观点和看法，让听众觉得我们言之有物、言之有理；而对于演说家来说，这个问题是对自身的一次考验，我们既要抓住听众的兴趣点，又不能被听众的兴趣牵着走，因为我们知道讲什么决定影响力。

听众希望听到什么内容、什么样的内容才能够吸引听众全神贯注地听你讲，那么你就要讲什么。不要一味地固执己见，也不要一味地讨好听众。我们需要将自己的思想和理念融入到听众的需求中，既要做到听众喜欢，也要做到发挥自身的优势。这样的演说才是真正精彩、百听不厌的演说。

关于"你要讲什么"这个问题，我的回答是这样的：我的演说就是要讲谈判、讲领导力、讲中国的企业家如何能够成为超级演说大师。这些内容都是我的演说中要讲到的。我为什么讲这些呢？因为这是我的理想和目标，也是我终生为之奋斗的事业，更是每一个企业家都关心的事情。

企业家关心什么事情呢？一是人才，二是财富。在我的演说中，这两个方面都要讲到。我会讲企业家如何才能够吸引人才，如何创造财富。实际上，无论听众是不是企业家，他都会关心财富的问题。我很明确地知道自己在讲什么，听众听起来也很清楚。因此，我的每一场演说都能够达到预期的目标和效果。

我在每一场演说之前都会将"你要讲什么"这个问题慎重地作出回答。因为这个问题不仅关系到听众对于演说是否满意，也关系到我自己创立的演说品牌的口碑。我不能自己砸了自己的招牌，所以只有回答好这个问题，我才会充满自信地走上演说台。

我们可以来试想一下，如果现在我们是听众而不是演说家，我们希望听到什么？希望这场演说能够帮助我们什么？这就是换位思考，在我们不知道该讲什么的时候，这是一个行之有效的方法。另外，如果我们是听众，当演说台上的人语无伦次、不知所云的时候，那么我们的感受又是什么？面对不知道在说什么的演说家，我们的直接反应是什么？想清楚了这些问题，当我们再次走上演说台的时候，就会为"你要讲什么"这个问题作出最好的回答。

作为一名演说家，当我们将自己和听众进行换位思考的时候，我们就会明白许多站在演说台上无法明白的事情，我们也会看到许多原本我们看不到的事情。所以，当我们感到不知道该讲什么或者讲什么才精彩的时候，我们需要走下演说台，坐到听众席上。这样做对我们有着巨大的帮助。换一个角度看问题就能够找到问题的最佳答案。

在大多数情况下，我们准备的演说内容都是根据现场听众的需求而定的，但是当现场的听众对你讲的内容并不感兴趣的时候，你首先要保持冷静，不要惊慌失措，然后可以像朋友那样与现场的听众多作交流、沟通。最后，及时调整当天讲的内容。切记，只是调整极少部分的内容，不要做很大程度的调整。因为有些时候听众也不知道自己想听什么。如果你的调整过大，反而丢失了对演说现场的掌控能力。在这种情况下，我们一般只需要讲几个吸引人的小故事，将听众的注意力拉回到演说当中就可以了。

"你要讲什么"的答案一方面是听众的，一方面是演说家的，还有一方面是客观事实的。只有将这三方面的内容都有效地融合到一起，我们的演说才会物有所值，我们才会在成为超级演说大师的道路上前进得更快。

你讲的对听众有什么好处

"你讲的对听众有什么好处"这个问题的答案非常简单，因为我们的演说能够解决大多数听众的难题。简单地说，好处就是我能够帮助你，而且只有我才能够帮助你。一般情况下，大多数听众都是带着需求来听演说的。既然有需求，那么就想要从演说中获得积极有用、能够满足需求的知识和内容。如果演说家连这个要求都无法达到的话，那么演说的失败就是注定的了。

"你讲的对听众有什么好处"这个问题是最实用的，它是听众愿意接受演说、愿意与演说家沟通互动的基本前提。而对于演说家来说，只有回答了这个问题，我们才能够准备一场精彩、实用的演说，才会保证我们的演说不是在喊口号，而是在切切实实地帮助有需求的人。所以，回答这个问题就会让听众把你从一个陌生的演说家转化成一个可以请教难题的导师。

我对我的学员说过："我的演说会让你知道吸引人才和创造财富的办法。这些办法都是切实可行的，它们都是我经过多年摸索而得到的有效办法。"

我会把有效的信息都组织起来，不说大话、空话，真实地将方式、方法讲给听众，尽我所能把有用而实用的内容讲出来，听众就会自动提炼出对他们有用的信息，自然就会明白我的演说对于他们来说是非常有用的。所以，我在演说中表达的内容越具体、越实用，听众就会越安静地听我说，并且清楚这些内容对于他们的好处在哪里。

我的演说会给听众一些实实在在的指导、建议、技能。这些内容都能够让听众在现实生活中解决问题，摆脱困境。我的演说对于听众的好处就是，教给他们实用技术，比如谈判、领导力、市场营销，等等。

在演说中，最重要的就是我们的听众。他们不是我们的对手，他们不会为我们制造麻烦。听众只想从我们的演说中获得有效的、实用的信息和知识，并且用这些信息和知识做一些有利于自身的事情。作为一名演说家，我们要做的事情就是将实用的方式、方法有效地组织成语言，然后讲给听众，让听众能够系统地学习到一些知识和信息。

"你讲的对听众有什么好处"这个问题是一个承上启下的问题。回答好这个问题，我们之前说的"你是谁"、"为什么听你讲"、"你要讲什么"这三个问题才具有实际的意义和价值。我们接下来要说的"如何证明你说的是真的"、"听众为什么听了你的演说就要采取行动"这两个问题才能够得到更好的答案，才会让演说具有完整而实用的价值。

如果我们无法确定演说对于听众的好处，那么我们为演说所作出的努力和准备就都成为了无用功。做一件毫无意义的事情只会是浪费时间和精力。所以，我们必须明确地传达演说的实用价值。如此一来，我们的劳动才能够换回听众的响应和回复。听众能在我们演说中获得有用的信息和帮助，他们才会愿意与我们沟通互动，我们才能够更确切地知道在演说中哪些内容是有效而实用的、哪些内容是不必要的，这样做对于我们的演说是一个非常大的提高机会，也是我们提升自身影响力的重要环节。

我们用自己的辛苦劳动为听众提供精彩出色的演说，而我们的演说对于听众是有好处的。这个好处虽然是因人而异的，但也是看得见、摸得到的。而演说家为听众带来的最直接的好处就是解决问题或者获得解决问题的途径和方法。这些好处不仅是针对听众的，对于演说家也是非常有帮助的。我们会从听众的反馈中获得成就感，以此来提升我们的自信心，扩大我们的影响力。

因此"你讲的对听众有什么好处"的答案，不但能够让听众认真地听你的演说，接受你的思想和理念，而且也会让你自己言之有物，进一步提升业务水平，让你的的演说事业更上一层楼。

如何证明你说的是真的

我们在演说的过程中会说一些个人的成长经历、成绩和成功。有许多时候，听众还是愿意相信亲眼看见的事情。所以，我们需要用一些方法和辅助工具来证明演说内容的真实性。

"如何证明你说的是真的"这个问题的意义就是对于听众来说，只有证明演说内容的真实性，他们才可以放心大胆地去相信、去照样子做，并且信任演说家。而对于演说家来说，证明内容的真实性才能够证明自身的实力，也才会通过演说来提升自己的影响力。演说的过程就是一个演说家让听众从不相信到信任的过程。我们不需要讲太多的理论，如果理论过多，我们的演说就会显得像学术报告，从而失去了力量和活力，并且让听众感觉到乏味和无趣。

既然我讲出来了，那么就一定是真实的。因为我会拿出许多证据证明我的演说内容的真实性。比如当我作自我介绍的时候，我会给听众放一段关于我的视频。有视频就有真相，让听众用最快也是最现代的方式去立体地了解我，进而信任我；当我说到我的成绩的时候，我会拿出具体的数据和证明材料，让听众可以更加直观地看到。

"如何证明你说的是真的"这个问题是需要综合回答的。我会将视频、图片以及曾经听我演说的学员请到现场来作一个现身说法。比如为了证明我的演说训练营的成绩，我就会让训练营中学员亲自来讲。这样做不仅可以活跃演说现场气氛，而且听众可以与演说的学员达成某种共鸣，从而更好地理解和接受我讲的内容。

为了证明我的演说内容，我会动用诸多手段和方法，如视觉、听觉、物质、文化等各种方式。只要能够证明演说的真实性，我都会有效地利用起来，以便可以达到我的演说目标。

我们证明演说内容的真实性就是为了听众信任我们，愿意听我们讲，并愿意就演说的内容与我们互动沟通，这样做我们的演说现场就成了一个非常开放的空间。空间的开放性决定了演说的成功率，因为一场自说自话的演说不是将听众说得睡着了，就是将自己说得没有了自信心。演说家与听众的顺畅沟通就是建立在信任的基础上，所以向听众做出必要的证明是每一个演说家必须学会的课程。

我们的每一场演说都有着不同的目标。为了达到目标，我们要调动起所有的方式、方法为听众提供最好、最有效的证明。将平面的演说稿变成立体、形象的真实故事，再多的理论都比不上一段精彩而真实的故事。理论是单调而枯燥的，而故事是生动而形象的。

用事实来证明真实，这样的演说才具有强大的吸引力和正能量。现代社会的节奏加快，生活便捷，无论是精神生活还是物质生活，人们都习惯了快节奏。因此，我们的证明也要一针见血，不要拖泥带水。一个事实用一段视频或者几张图片就证明了，就不需要长篇大论以及没完没了的理论。用简明扼要的语言说出一个事实，然后用最简单明了的方法来证明。这样的方式是可以让大多数听众接受的。而且演说的时间是有限的，我们必须学会用最短的时间与听众建立一种相互的信任的关系，这样我们才能够达到演说的目标和效果。

对"如何证明你说的是真的"这个问题，我们要立体而系统地给出答案。每一个细节、每一个环节都要真实可信，都要拿出不容置疑的证据，让听众在最短的时间里做出自己的判断。如此，我们的演说才能够顺畅而精彩地进行，听众才会从演说中提炼出对自身有帮助的内容。演说家要想让陌生的听众信任自己、安静地听自己的演说，就必须让听众相信我们不是天马行空地乱说，不是空洞的理论，而是真实而可行的现实和答案。

作为一名优秀的演说家，必须有能够证明自己的能力，用我们的真诚和一切方法让听众信任我们、听我们讲。

听众为什么听了你的演说就要采取行动

　　大多数的演说家都遇到过这样的情况：一场演说下来非常顺利成功，听众也给予了肯定和热情。但是演说之后，却没有几个听众有所行动。演说似乎就成了一阵风，过了就过了。那么，这样演说也不能说是完全成功的。这种情况就是因为我们没有正确地回答"听众为什么听了你的演说就要采取行动"这个问题。听众在听演说的时候觉得你讲得很有道理，但是与自己的实际联系不上，所以听过也就不记得了。

　　回答这个问题的意义就是：对于听众来说，这个问题是将演说内容和实际情况联系到一起的纽带，获得了这个问题的答案就能够将演说中的方式、方法准确地运用到实际工作和生活中；对于演说家来说，给出这个问题的正确答案不仅是对我们理论联系实际功底的考验，更是各种综合演说素质的集合表现。

　　在回答"听众为什么听了你的演说就要采取行动"这个问题的时候，我会走下演说台，直接面对我的听众，用一种完全开放的态度来对待我的听众。因为我只有将听众提出的问题作出准确而实用的回答后，他们才会马上采取行动。如果我只是坐在演说台上讲一些不着边际的理论，那么就算我说得再有道理，听众也无法采取行动，我的演说就变得没有意义和价值。

为什么要采取行动？因为我的话可以解决你的难题，可以让你的工作进行得更加顺利，也可以让你的事业更加成功。我的话不是大话、空话，而是切切实实的办法、建议和技能。因此，你听了我的话，就要马上采取行动。

每个人都想要日子过得更好一些，让自己的事业更成功一些，这就是我们回答这个问题最好的契机。通过我的演说，听众可以看到更好、更成功的未来，他们自然就会按照我的话去采取行动。如果从我的演说中，听众得不到任何有用的信息，那么我的演说就是失败的。

我们不仅要学会如何演说，更要学会换位思考。因为许多事情如果我们只站在自己的角度去看，就无法看到事情的全貌，也就不会得到解决问题的答案。要想让听众不仅觉得我们的演说言之有理，而且按照我们的话去采取行动，我们就要做到理论联系实际，做到有理有据，做到不说大话、空话。

这样一来，听众会从我们演说中得到切实可行的办法来解决自己的问题，也会获得一些有用的知识和信息来让自己的事业和生活更上一层楼。作为一名优秀的演说家，我们不要害怕面对自己的听众，不要害怕自己言多必失。我们应该做到"知无不言，言无不尽"。

以上这6个超级演说家必须回答的问题之间是层层递进、互为因果的关系。一名演说家只有将这6大问题考虑透彻，并且回答准确之后，才能逐步接近成功，逐步成为一名超级演说大师。找到这6大问题的最佳答案，不仅是为了更好地为听众服务，更是为了我们的演说事业发展和提高我们的影响。

我们将这6大问题的最佳答案有机地结合在一起，就能够做出一场非常精彩和出色的演说，同时也会为我们自身提供正能量，让我们逐步体会到演说的乐趣和意义。这样，我们才能成长为一名有价值的演说家：创造财富、提升事业、扩大影响力，为演说事业不懈地努力奋斗。

魅力演说的6个重要规则
——演说大师的独家智慧　/第六章

一场精彩而出色的演说就是一次演说家的真人秀。我们不仅要秀出演说家的智慧和风格，也要秀出演说家的风采和口才。在整个演说过程中，在全场起到主导作用的就是演说家。所以，我们要从声音、语速、语言、表达能力、幽默感、故事情节等方面来提升我们的现场人气，赋予演说强烈的个性和活力，将我们全部的思想和精力投入到演说中，在获得听众的信任的同时激发出听众的热烈情绪。这才是演说家的真正智慧所在。

高亢的声音

　　高亢的声音是演说过程中的三大策略之一。演说在刚开始的时候，我们就需要用高亢的声音向全场的听众致意、问好。高亢而愉快的声音能够给听众带来愉快的心情，可以在听众的心中瞬间树立起我们开朗、明快的形象。声音的高度在很大程度上直接表现了我们的自信心，也决定了一场演说的感染力。

　　高亢的声音能够将听众原本不那么集中的精神都吸引过来，并且让听众能够主动地去思考我们的演说内容，同时对我们产生好感。如果我们用软弱无力、模糊不清的声音来演说，那么不仅会给听众留下非常差的印象，也会让听众对我们的演说失去兴趣。如果一开始我们就无法吸引听众，那么接下来的演说我们就很难进行下去了。

　　我的普通话说得不是很标准。在这样的情况下，我更要用高亢的声音来做演说。如果我因为自己的普通话说得不标准就低声说话，那么我的听众就只能从我的嘴型猜测我的演说内容了。我相信没有任何一个听众会有如此耐心去听一场什么都听不清楚的演说。

　　高亢的声音是我对现场听众的一种尊重，更是我向他们表达我个人的活力和感染力的一种有效方式。如果我只顾自己舒服而降低了声音，那么我的听众就会逐渐地失去耐心，放弃对演说的兴趣和关注。在短时间里压低声音是一种演说策略，这种方式可以提高听众的好奇心，但是我一定会马上恢复高亢的声音来满足听众的好奇心，让他们的注意力跟着我的演说走。

作为一名演说家，让每一个听众都清楚地听到我的声音是一种基本礼貌，也是吸引听众注意力的有效方法。如果我的声音不是高亢而嘹亮的，那么听众也会无精打采。这种情况会直接影响到演说现场的气氛和演说的效果。

因此，出于对听众的尊重和礼貌，我用高亢的声音来表达我的感情和思想。

演说本身就是一种声音的艺术，也是一种用声音来传达理念和思想的能力，而声音的高低直接影响到演说家的感染力、影响力以及现场听众的注意力和接受力。也就是说，我们用高亢的声音来完成演说就能够清晰、明确地传达出我们的感情以及演说的内容，并且可以让我们的听众用愉快的心情去接受。如果我们为了节省自己的力气而低声演说，那么这不仅是对演说和听众的不尊重，还会损失提升自我事业的机会。

所以说，高亢的声音代表最好的表达和最出色的演说。实际上，高亢的声音是需要我们平时勤于练习的，我们要将自己的声音调整到一种合适的高度，既不会损害我们的嗓子，又可以让最后一排的听众听到我们的声音。这是需要不断的练习和调整的，我们可以在演说前为朋友或者合伙人预演一次，根据他们的意见来对声音做出调整。在演说前的现场检查中，我们也要将现场的音量调整到位以求声音达到最佳效果。

高亢的声音有一个可以量化的标准，并不是我们声嘶力竭地站在演说台上喊就是高亢的声音，而是要让最后一排的听众都能够清晰地听到你的声音，而你也不会感到不舒服。声音要高亢而嘹亮、清晰而悦耳，这样的声音才会为我们的演说添彩，才会准确地表达出我们的思想和情感，从而达到我们的演说目标。总而言之，高亢的声音是演说中三大策略之一，我们在运用这个策略的时候，应该做到大胆地放声说话，以此来不断吸引听众的注意力，获得听众的好感和信任。

演说中对于声音的运用不是一朝一夕的事情，我们要不厌其烦地练习，逐步找到最适合自己的声音高度，来支撑更多的演说需求。

明快的语速

明快的语速是演说过程中三大策略之二。当我们精神饱满地走向演说台的时候，用我们明快的语速与现场的听众问好，愉快地问出一些暖场的问题。比如"想健康的人，请举手，我确认一下。""想快乐的人，请举手，我确认一下。""想成功的人，请举手，我确认一下。"明快的语速加上我们愉快的表情就会给现场听众一个精神振奋的开头，让大家都保持一个轻松而欢乐的情绪。

语速是一种极为可贵的武器，我们可以用明快的语速来让精神分散的听众重新回到我们的演说中，也可以用明快的语速来表达自己的精神状态，告诉现场的每一位听众："我的精力非常充沛，我会用最好的精神状态来完成今天的演说。"我们的语速如果是缓慢无力的，那么就会让听众产生反感，他们会认为你这是在消极地对待演说。这样的演说家是不会受到欢迎和青睐的。

我在演说中运用明快的语速来吸引我的听众，不仅是要说明我来演说的诚意以及我的良好的精神状态，更是另一种的自我介绍的方式。让现场听众知道我是一个性格开朗、热情大方的演说家，从而提高听众对我的接受度和信任度。

　　我运用明快的语速来传达一种状态，让听众觉得我是可以掌控全场的演说家，让他们觉得我是自信而有实力的。相反，如果我的语速拖沓而无力，听众就会认为我不仅是消极地对待演说，也是对他们的不尊重和不礼貌，认为我不是一个敬业的好演说家，于是他们便会对我的演说失去耐心和信心。

　　我发现在演说中使用明快的语速，在传递正面能量的同时也会帮助我与听众的沟通。听众从我干净利索的语速中，可以判断出我是一个自信、有实力的演说家。所以，他们就会愿意与我沟通，愿意将他们的难题告诉我，更愿意接受我的建议和思想。如此一来，就保证了我的演说顺利进行，也保证了我的演说效果。

　　要想成为一名优秀的演说家，进而成为一名世界级的超级演说大师，我们就应该了解自己的一切，包括能够熟练运用自己的演说语速。在演说的过程中，运用明快的语速并不是说我们要从演说开始到结尾都保持这样明快的语速，而是要在关键的时刻运用明快的语速活跃演说现场的气氛以及集中听众的注意力。我们演说的语速可以有适度的调整，无论我们的语速是快是慢，有一点我们必须做到，那就是我们的明快。

　　明快语速能够帮助我们更好地完成演说，也不会让听众感到倦怠和反感。总而言之，语速的运用可以让我们的演说显得生动有趣、妙趣横生，也可以让我们充满自信地掌控演说的进程和吸引全场听众的注意力。

　　对于语速的运用我们也要经常反复地练习，并且客观地评价自己的语速。在演说中，我们在哪里的语速应该加快、哪里的语速可以慢一些，这些都要事先安排好。明快的语速是要建立在清晰的语言基础上，我们不能只要明快的语速，而忽略了现场听众是不是听清楚了我们的演说。况且，语速也是声音艺术的一种表现，明快的语速可以让我们和听众享受一场愉快的演说，而拖沓的语速会让现场的气氛降到零点以下。

　　明快的语速是我们在演说中能够运用的武器，它可以让听众信服我们、关注我们，让我们更加自信，并将整场演说都把控得准确到位。语速的快慢都是为了演说而服务，我们需要记住一点：语速必须有力量才能够保证目标的达成。

最清晰的语言

最清晰的语言是演说中三大策略之三。最清晰的语言不仅是单纯的语言表达的清晰度，也是指语言是否能够清晰地表达演说家的思想和意思。演说中语言运用的清晰程度是以用词的准确度来衡量的。我们的用词准确度决定了听众接受演说内容的多少，选择那些不会产生歧义、通俗易懂的词语可以让听众在第一时间里就明白我们要表达的意思，而不用费力地去辨析和猜想。

要想让我们的演说语言达到最清晰的效果，就要减少语言中不必要的修饰词，多用主动句，选择准确而有力的词语组成语言。这些都可以让我们在演说中清楚明白地表达自己的思想和理念。一场乏味无趣的演说和一次精彩出色的演说之间最大的差别就是语言上的差别。

我认为，最清晰的语言包括两个方面的含义：一方面是我说出来的话要清晰，让现场的听众都能听得到、听得明白；另一方面是我要表达的意思要清晰，不要让现场的听众感到茫然或者听不懂。

在我的演说中，我从来不用过多的修饰词语，也会避免用一些会产生歧义的词语。在整个演说的过程中，我会让我的语言简洁明快，最重要的是我的语言随时随地都充满逻辑性。如此一来，听众在接受我的演说内容的时候，不会因为几个晦涩难懂的词语而影响对整句话的理解。语言的清晰度也是与逻辑性息息相关的。如果整体语言失去了逻辑性，那么相信除了你自己，没有人会明白你要表达的意思。所以，逻辑性是让语言达到最清晰的有力法宝。

我会选择那些让人听起来很舒服的词语，并且尽量让我的语言可以激发出听众最大的想象力。听众的想象力会无限地加强我的演说效果，而我习惯用一些简短而有说服力的语言，因为这样的语言一方面可以调动起听众内心情绪，让我的喜怒哀乐和听众的喜怒哀乐能够互通、达成一致；另一方面也可以将演说内容清晰地表达出来，并获得听众的信服。

最清晰的语言不仅让听众了解和接受演说的内容，还能使他们获得对自身有用的信息和知识，以便日后利用这些信息、知识来解决自身的实际问题。这更是一种对演说家的考验；演说本身就是语言的艺术，能够熟练地运用语言来表达自己的思想和理念，并且有效地调动起现场听众，这些都是一名优秀演说家必须学会的基本功。

用有说服力的词语组织成演说语言，会让演说内容更加容易被听众记住和运用。严格地说，演说中所运用的语言就是演说家的武器。作为一名优秀的演说家，我们必须熟悉语言的规律，熟练运用语言中各种比喻、夸张、类比等修辞方法。简单地说，演说家还要是一位语言上的能者和专家。

我们要用准确的词语、有力的句子来让我们的演说语言充满力量、清晰明了。我们要用最清晰的语言在听众的头脑中留下一幅图画，让平面的语言变得立体和系统起来。如此一来，听众接受得简单愉快，我们说得也快乐轻松。这样的一场演说是每个演说家和每个听众都衷心希望的，也只有这样的演说才能够起到最好、最大的作用。因此，演说家和听众之间最好的沟通桥梁就是最清晰的语言，它在表达演说家的感情和内容的同时，也为听众留下了不可取代的财富和信息。

互动就是表达能力

想成为一名优秀的演说家，就要有让听众参与到演说中的能力。参与就是互动，互动就是表达能力。一场精彩并成功的演说不是我们只管说，听众只管听，而是要根据听众的需求让他们全体都参与到我们的演说中。任何一位超级演说大师绝对不会放过与现场听众互动的机会，因为只有有效的互动才能将演说家的思想和理念诠释得更加全面和完整。

互动就是表达能力，因为演说家能够调动起听众的积极性，从而参与互动。这才是演说家有着强烈表达能力的证明。只有我们在演说中将情感和思想都表达得十分到位，获得了听众的接受和信任，听众才会积极与我们互动。因此，没有表达力就无法与听众互动。相反，顺畅地沟通和互动就表明我们的表达听众接受并且喜欢。

我在演说的现场一旦发现听众的需求，就会将听众的这些需求加入到我的演说内容中。我要现场的听众全体都参与到我的演说中，不仅是要听众被动地听我说，还要他们主动地跟我说。

我发现我的演说越成功，我与听众的互动就会越顺畅，听众的积极性也就会越高。他们会将自己的烦恼和问题一股脑地对我说，在我演说和回答问题的时候，他们也会心平气和地安静听我说，并主动思考和领悟。

　　我对互动的最大心得就是我的思维和听众的思考要处于同一个维度上，用我的表达力去带动听众的思考，听众也会用他们的思考来参与我的演说。这样一来，整个演说现场就变成了我与听众的思想交流，而这种交流在任何情况下都是让人感到愉快和兴奋的。

　　为了能够让听众更好地学习和吸收我们的观点，就必须让听众感觉到演说不仅是演说者个人的事情，而且表达的思想和观点也与他们有关。要让听众认为我们的演说内容与他们的生活、事业、工作息息相关、不可分割。这样做，听众才会积极主动地参与和思考，才会知道我们的观点与他们有关。这些观点都不是独立存在的，也是经得起逻辑推敲的。

　　听众之所以愿意与我们进行互动，主要的原因就是他们看到了我们对演说的诚意和对听众的尊重；也是在彼此的互动中，听众感觉到我们关心他们，以他们的需求为第一位。如此一来，我相信任何一个听众都非常愿意说出自己的问题，与演说家进行互动，并充分地参与到演说中来的。

　　互动就是表达能力，这个观点的根本意义就在于让我们珍惜每一次与听众互动的机会，而互动也是表达能力的另一种表现方式，更是表达能力的支持和直接展现。我们要将现场的每一位听众都与我们的演说内容联系起来，告诉他们我们的观点和思想会直接影响到他们的事业成败，而且会让他们获得自身的利益和财富。这样做就会让互动将演说和现实紧密地结合在一起，让听众迫不及待地要与我们沟通、互动。

　　对于演说家来说，最好的演说效果就是能够改变听众的思维方式，给他们的工作和生活带来实际的改变和改善，并更新听众的知识和观念，让他们都成为生活中的强者和成功者。这样的演说效果必须通过互动来完成，只有互动才可以让我们更清楚地了解听众的需求，也让听众更完整地接受我们的思想。演说家和听众互动才能将一场演说进行得更加完美。因此，我们在表达的同时也要善于倾听，而我们要让听众在倾听的同时也要学会思考和表达。在整个演说中，互动就是表达能力要贯穿始终，并成为一种主题。

讲幽默的故事

在演说的过程中，一万句大道理也比不上一个幽默的小故事。幽默是一种能力，也是一门语言艺术，更是每一位演说家都必须掌握的技能。我们要学会在任何场合下都能讲出一个合乎情理的幽默故事，因为幽默的故事在放松现场听众心情的同时，也会让我们的演说显得更加有趣而充满活力。

每一个人都喜欢在轻松自在的环境中获得有用的知识和信息，而且人们在笑过之后会更容易接受一些事情。讲幽默的故事不是一件简单的事情，要讲得好，要讲得到位。我们要将故事中的幽默因素全部发挥出来，我们要知道哪些幽默适合哪些场合，因为随便乱讲幽默故事往往会造成不必要的难堪和尴尬。因此，我们要让现场的听众觉得演说中的幽默故事是即兴的，也是我们信手拈来的，从而让我们的幽默故事显得自然而亲切。

讲幽默的故事是我在演说中经常会运用到的一种技巧。因为幽默可以缓解紧张的气氛，也可以让听众保持一种愉快的心情，而我也能够在一种轻松的氛围中完成演说。要想讲好幽默的故事也是需要一些技巧的，我从自己的演说中总结了以下几点：

1. 运用好包袱和笑料

我会将我要用的幽默故事反复地记熟，然后将其中的笑料和包袱找出来，逐一分析该如何运用才能够达到最佳的效果。我尽量让每一个笑料和包袱都起到一定的作用，而且我会在每次讲完故事之后都回忆今天听众的反应，并从中总结经验教训，以便使下次讲得更加出彩。

2. 让情节起作用

幽默故事要达到使人发笑的目的，会有许多辅助的情节，而我从来不会忽略这些辅助的情节。只有将这些辅助情节讲好，才能让故事情节步步递进，在笑料和包袱的地方才会获得预期的良好效果，让幽默的故事真正地幽默起来。

3. 肢体语言要配合好

我在讲幽默故事的时候都会为自己设计一些表情和肢体语言，让听众立体地感受到故事的精彩和幽默。表情和肢体语言可以让故事活动起来，不再只是语言而已，有些时候动作也是决定故事精彩的关键。

我一直认为，不会讲幽默故事的演说家不是一个好的演说家。这是一项演说技能，不仅可以帮助演说家，也可以帮助听众，可以说是有百利而无一害的。所以，我会在每一场演说前都照着镜子练习讲幽默的故事。

要想把一个幽默故事讲得声情并茂、让听众忍俊不禁、达到我们讲故事的目的，我们就要充分利用自身的资源和能力。在调动起听众的好奇心之后，给他们来一个出其不意的笑料，增加故事的感染力和戏剧性。

讲幽默的故事时，最大忌讳就是听众还没听明白你在说什么你自己就先笑个没完，让听众感到莫名其妙。这样做很容易引起听众的反感，并且让听众对你的能力和实力产生怀疑，甚至不愿与你互动沟通。结果，我们辛辛苦苦作的准备，满怀热情的讲述却成了打击我们的事情，那是得不偿失的。因此，要想将幽默的故事讲得精彩到位，我们需要不断的练习和琢磨。我们可以将自己准备的故事说给朋友和同事听，先看一看他们的反应再做出相应的调整，以求达到最理想的幽默效果。

幽默故事要讲得好、讲得全场皆笑，不仅是一种演说家的技巧，更是演说家的功力。看似不经意地说着故事，听众在哈哈大笑的同时也会对演说家更接受一分，并对演说家的实力更加肯定和信任。我们也会在轻松愉快中完成演说，证明自己的实力，提升自己的影响力，逐渐成为一名淡定而富有经验的演说家。

讲自己的故事

　　我们在演说中可以将自己的经历和成长编成一个一个故事。这些故事对我们来说就是我们的历史和真实的过去；对听众来说就是快速了解和熟悉我们的有效途径。讲自己的故事不仅会增加我们的亲和力和真实性，而且会让听众更加觉得我们自然可信、不矫揉造作。

　　我们自己的故事更容易说服听众，也正因为是自己的故事，讲起来更加熟悉和具体。没有人比我们更了解自己，所以自己说自己就会比说其他人更深刻、更耐人寻味。而听众会从我们的故事中看到我们的真诚，看到我们发自内心的感情。这些故事会更有力地调动听众的情绪，吸引他们的注意力，让听众在短时间内接受我们的演说内容，并且愿意主动积极地思考和互动。

　　我是一个有故事的人，所以在演说的时候我就会说自己的故事。我会告诉所有的听众一个从小就调皮捣蛋的孩子，一个小学读了九年的孩子，一个普通话说得不好的特种兵，现在是中国著名的特种兵演说家，也是创造了亿万财富的演说大师，更是雄心勃勃要将中国企业家都培养成演说大师的人。

　　我的听众会从我的成长、经历、挫折、成绩中看到我的真诚以及演说的巨大魅力和正能量。于是，听众会觉得我所表达的思想和理念更加真实可信。他们会安静地听我说，并且积极主动地思考，以便更好地与我沟通。

每一次我讲到自己故事的时候，都是全场听众最安静、精神最集中的时候，因为他们知道我说的这些都是真人真事，没有丝毫的杜撰。不仅听众从我的故事中获得勇气和信心，我也通过这些故事与听众拉近了距离，成为朋友、同事、合伙人。

讲自己的故事一方面要真诚地面对自己，不要粉饰太平，也不要文过饰非；另一方面要真诚地面对听众，讲得不要夸张也不要过谦，事实怎样就是怎样。我们要尊重事实和生活，更要尊重自己和听众。

一般情况下，故事要真实可信，就必须完整而合乎逻辑。故事的完整性包括6个因素：时间、地点、人物、事件、起因、结果，而这6个因素之间是有逻辑关联的。我们在讲故事的时候，只有将故事的6个要素都交代清楚，才能够让故事情节连贯起来。在听众的心中留下深刻的印象，让他们相信站在演说台上的这个人是在用真心与他们交流，这个人愿意将自己的所有故事和情感都拿出来与他们分享、沟通。任何一个听众都不会拒绝如此有诚意的演说和互动，我们会在他们心中留下很深刻的印象。

我们将自己的故事融入到演说中，从另一个角度说也是满足了听众对我们的好奇心。作为一名优秀的演说家，绝对不能忽略听众的这种好奇心。如果我们能很好地利用听众的好奇心，那我们的演说往往就会达到事半功倍的效果。每一个人都有自己的故事，在讲述了我们自己的故事之后，在互动环节中我们也可以听一听听众说他们自己的故事。如此有来有往，才是一场真正成功的演说。

这一章的6个规则在让我们熟练地掌握演说技巧的同时，也可以让我们成长为一名有魅力的演说家。这些都是我多年来总结的独家智慧。这6个规则的运用需要我们因时制宜，因地制宜，因为任何经验和规则都不是一成不变的。我们在运用这6个规则的时候要懂得适度调整，让规则适用于我们的实际情况。逐渐地，我们的演说才会越来越具有独特的魅力，才会具有无与伦比的力量。

超级演说家如何设计演说内容 / 第七章
——内容过硬，才能赢得听众

　　无论是眼神还是语气，都是为演说内容服务的。只有演说内容过硬，我们才会真正获得听众的认同和喜爱。超级演说家都会对演说内容进行独特的设计。这是演说中的一种技能，它包括：明确演说之后想得到什么结果，针对每个观点设计三个故事，让听众有参与感地回应，设计针对听众有可能产生的反对意见，如何设计开场白和如何设计演说结尾。这6个设计演说内容的方法，是很多演说家的经验之谈。

明确演说之后想得到什么结果

我们都有过这样的经历，每一天都要面对不同的听众，进行主题不同的演说。在演说开始之前，我们就要明确演说之后我们想获得怎样的演说结果。简单地说，就是我们的每一场演说都是要事先预定结果的，而结果的明确则可以保证我们的演说质量以及我们在演说现场的表现。

演说结果是什么？演说结果就是我们想要听众得到什么，听众希望我们来做什么。没有明确的演说结果，就没有演说的成功。我们可以试想一下，当我们站在演说台上开始说话的时候，我们心中依然不知道自己想要怎样的演说结果，那么听众就会越听越糊涂，越听越不知道你要传递什么。相反，明确的演说结果是我们追求的目标，目标就清晰地放在我们和听众的面前，我们只要去实现它就可以了。

我在每一场演说之前都会将我要达到的演说结果写下来，越具体就越容易实现。比如我要卖我的课程，我希望今天要卖20万、30万甚至100万，这就是我要的演说结果。而对于一场演说来说，听众觉得好才是真正的好。听众要在我的演说中获得实用的知识和信息，这样他们才会觉得我的演说好。

我开演说课就是为了让听众学会演说，他们听了我的演说并学会了演说，他们就会觉得我的演说好，那我要的演说结果就达到了；有些听众希望学习销售技巧，那我就把销售技巧教给他们，他们学会了，我要的演说结果也完成了。总而言之，听众的需求就是我要达到的演说结果。

在我的演说过程中，我要传达什么样的观念和思想，我也要把它们写下来。这就是我的PPT。因为演说就是要讲观点、讲案例，顺畅地将我的观点和案例都讲给听众听，也是我的演说结果的一个部分。

一场演说要想成功，就必须首先明确我们要一个怎样的结果，我们想要传递一种怎样的思想和观念，听众需要从我们的演说中获得怎样的信息。把这些结果综合起来就是我们要完成的结果。明确了演说结果之后，当我们独自一人站在演说台上的时候，我们才会胸有成竹、淡定自然地完成演说，就像指挥千军万马的指挥官，运筹于帷幄之中，决胜于千里之外。

作为一名优秀的演说家，我们必须知道面对不同的听众、不同的演说，我们所要明确的演说结果也是不同的。但是，我们不能要求结果面面俱到，因为面面俱到的结果很可能就是面面不到。需要我们明确的演说结果要清楚、明白，不能贪多嚼不烂。明确了演说结果，才能开始具体地准备演说的内容，才会在同一个框架下让演说内容扎实有效。

所有的演说内容都必须围绕着演说结果展开，我们要将演说的主题和结果牢牢地刻在听众的脑海中。如果无法明确结果，那就与听众做一下换位思考。这样做不仅可以使得我们头脑清醒而冷静，而且不会出现太大的偏差。

一般来说，演说的结果大体包括5个部分：信息的传播；让听众快乐；让听众信服；起到激励作用；起到培训作用。这5个部分不一定要在一场演说中都囊括进来，但是我们要的演说结果中这5个部分是最基本组成。我们要明确的演说结果必须符合实际情况，不能天马行空。因为听众所能接受的结果是有限的，如果我们明确的演说结果超出了听众的理解范围，也超出了我们的演说内容，那么演说是注定要失败的。

针对每个观点设计三个故事

在演说的过程中，讲故事是一个很重要的环节。在设计演说内容的时候，我们要将自己的全部观点整理出来，并针对每个观点都设计三个不同的故事：

第一个是名人的故事。因为名人的故事具有很强的说服力，也因为我们都认识名人、知道名人的事情，所以听众会很相信名人。

第二个是身边的故事。身边的故事是我们自己的亲身经历，讲起来不仅精彩而且合乎逻辑，也会对听众产生很好的效果。

第三个是自己的故事。自己的故事是最独一无二的，也是最真实的。没有人比我们自己更了解自己，所以自己的故事是最得心应手的故事，往往也是演说中效果最出色的部分。

这三个故事的设计要围绕演说内容和主要观点展开，要运用能证明自己的观点，并能说服听众的故事。这样设计才会让听众在听故事的同时，接受并认同我们的观点，以求达到故事效果的最大化。

1. 名人的故事

名人总是会有一些与众不同的故事，这些故事不仅精彩，而且有着强烈的说服力。我们在为演说观点而设计故事的时候，名人的故事绝对是一个非常好的切入点。比如马云的故事，因为我们都知道他是阿里巴巴集团的创始人，他创造出亿万财富，大家都非常敬佩他。那么，我们用马云的故事来说明我们的观点就能起到画龙点睛的作用。

名人的故事要运用得恰如其分，不要生搬硬套。既然是名人的故事，就一定被用了许多次。我们要力求在相同中寻找不同，让我们的名人故事与众不同，给听众最深刻的印象，同时也让听众记住我们的观点。

2. 身边的故事

身边的故事虽然是真实发生过的，但是只有我们亲身经历过，而现场的听众并没有亲眼见过。所以，我们在讲身边的故事的时候，需要找到与听众的一些共同点，让他们从中看到你说的故事真实地发生过。

为演说观点设计身边的故事时，一定要实事求是，不能夸大其词，也不要虚张声势。事实是怎样的，我们就怎样去说，而且要尽量把细节表述清楚。这样做的好处就是让听众相信故事是真实的，因为他们的身边也发生过同样的故事。如此一来，我们讲的故事就具有了说服力和证明力。

3. 自己的故事

我在刚开始演说的时候并没有自己的故事，只能说名人的故事。当我有了许多的经历之后就开始有了自己的故事，我也会在演说中讲到自己的故事。

我们都会创造出属于自己的故事，自己的故事是独一无二、不可复制的。这个世界上就只有我们自己知道自己的故事。正是因为如此，在讲到自己故事的时候，我们更要实事求是，不要削弱也不要夸大，让听众感受到我们的故事中所带着的真诚，他们就会相信我们的故事是发自内心的。

针对演说观点设计自己故事的时候，我们要为说明观点服务。态度要诚恳，语气要舒缓。不要让听众觉得我们是在标榜自己，从而对我们的演说产生反感。

我在培训学员的时候，设计故事都会准备两套方法：

一种方法就是按照演说家的标准来讲故事。这种讲故事的方法对于学员的要求很高，不论是知识能力还是智慧能力都要求很高，学员必须先理解了故事才能够将观点融入其中。

另一种方法则是自己写故事。这种方法就相对简单一些，文化水平不是太高的学员都能讲。这样的学员就是让他讲故事，没有故事他就无法正确地表达自己的观点。所以，可以让学员写故事来说明白自己的观点。

针对每个观点设计的三个故事，必须围绕着观点，也是为观点所服务的。对于故事的运用，不仅要有说服力，也要有震撼感，让听众在记住故事的同时也记住我们的观点。因此，不会讲故事的演说家就不会成为超级演说大师，把故事讲得精彩到位是一名演说家的基本功，也是一场演说成功的要素之一。

让听众有参与感地回应

我们在演说中要设计一些听众能够参与进来的互动环节，让现场的听众有很强的参与感，这样我们才会得到相应的回应。比如我们可以在演说开始不久讲一个幽默故事，让听众在会心一笑的同时产生一定的参与感。切记不要一个人从头讲到尾，把听众的参与当做可有可无的部分，如果听众无法产生参与感，那么我们之后的演说也不会得到热烈的回应。

在听众产生很好的参与感之后，我们要与听众顺畅地互动起来，我们可以用提出问题，并且回答听众的问题来达到这个目的。在演说的过程中，听众的回应是非常重要的，因为演说毕竟不是我们一个人的独角戏，而是一场由我们与听众共同完成的演说。如果我们不能让听众产生很好的参与感，那么就算我们的演说内容丰富、技巧运用熟练，也不是一场成功的演说。相反，如果听众有了参与感，那么就会对我们的演说以及我们提出的问题作出主动积极的思考，并且提出自己的观点和想法。这一场演说就会成为思维方式和不同观点的碰撞。

在我的演说现场，我首先会让现场听众有很好的参与感，我会提出一些简单的问题让现场的听众不用语言作答，而是用举手来确认。这个简单的举手动作就能将现场听众带入我的演说中，并且让他们明白虽然我是演说的主体，但他们也不是只要听就可以的，他们和我都是演说的组成部分。

在演说进行过程中，我会选择一些时机问出一些问题，并指定现场某一个听众来回答，当他回答了我的问题之后，我会让他根据我们正在讨论的主题，也向我提出一个问题，然后由我来作答。如此循环往复，回答问题的听众会思考要问的问题，没有回答问题的听众也会主动积极地思考。这个时候，演说会场中的每一个人都会参与进来，而我也得到了听众最真实也是最真诚的回应。

我非常重视现场听众的参与感以及他们给予我的回应，因为这些能够让我在获得更多自信心的同时更好地了解听众的需求，从而将一场演说进行得完美无缺的有力条件。

实际上，听众是喜欢参与到我们的演说中的。只要我们能正确地引导他们，调动他们的情绪，他们就会给予我们真诚的回应。听众在接纳和信任我们之后，也需要我们的接纳和信任。所以，给听众参与演说的机会也是拉近距离和丢掉陌生感最好的方法。

懂得了听众的参与心理，我们就不能再像傻瓜一样，费尽全力地撑起全场，却得不到丝毫的回应。这个时候，我们不能埋怨听众，只能说明我们没有给听众足够的参与感，也没有给听众足够的时间来与我们互动思想和问题。我们给予听众的观点、建议和理念都是科学的、符合事实的，但是要让听众记住并且认为对他们是有用的，我们就必须与听众交流、沟通、互动。

因此，在演说的内容中设计足够的空间，让听众产生参与感的同时也让他们愿意与我们交流、沟通、互动。如果一个演说家仅仅是将自己准备的演说稿讲完，而没有得到任何一个听众回应的话，那么这个演说家就算每天演说10场也不会有所进步，更不会成为超级演说大师。

我们都在为了演说事业而奋斗，但是我们必须明白演说不是我们一个人的事情，一个人也无法完成一场精彩而出色的演说。一个演说家的成长离不开听众的回应，从听众的身上我们会逐渐学会许多事情，而这些事情都是奠定我们演说事业最好、最坚实的基础。

针对听众可能产生的反对意见进行设计

我们在演说前要做好一切准备，包括听众会对我们提出的反对意见。俗语说："金无足赤，人无完人。"演说家也是普通人，所以我们不可能让所有的听众都感到满意，听众也不可能对我们没有反对意见。这些我们都应该做好心理准备，并且设计好如果听众提出反对意见，我们要如何应对。

关于这个设计，我们可以和朋友、同事、合伙人一起反复讨论，做好最坏的打算和最好的准备。如果我们在演说前的设计充足的话，那么在演说中面对听众的反对意见时，我们就会不惊慌，从容地面对问题。如果我们根本就没有准备的话，那么听众的反对意见很有可能会让我们哑口无言，惊慌失措。

我在演说前就会专门设计一些听众有可能提出的反对意见。有些听众会认为我没有名气，虽然我是一个实力派，但有些听众上过许多演说课程却不知道我的课程如何。

我针对这些听众的反对意见，设计了一两个故事。这些故事就能消除他们的疑虑，并且可以证明我的实力以及我在行业内的口碑。曾经有一个听众来上我的演说课程，刚来的时候就对我提出反对意见。他说："我上过许多演说课程，但是我没有听说过你。"

我对他说："第一，没有听说过我的人是不存在的；第二，你来上我的演说课程，如果你觉得没有效果，那么我给你全额退费。"

结果这位听众来上了一天我的演说课程，然后就什么反对意见都没有了。我有这个自信，只要他来到我的演说课堂，我就可以将他的反对意见消除。

一般情况下，听众对我们的反对意见都不会用特别激烈的方式表达出来。所以对于我们来说，只要勇敢地直面听众的反对意见，不躲闪、不逃避，正面回答这些反对意见，就能收到非常理想的效果。直面听众的反对意见对于演说家来说也是一项必修的课程。在演说前就对反对意见有所准备，并针对这些反对意见进行必要的设计，更加可以帮助我们从容得体地面对听众。

要想在面对听众反对意见的时候做到从容大方，我们一方面要对自身有足够的自信心，另一方面也要全面而客观地了解自身的优势和缺点。只有客观地面对自己，我们才不会被听众的反对意见弄得束手无策，哑口无言。

针对听众有可能产生的反对意见进行设计，我们的目的就是让自己始终处于演说的主导位置，而不是让听众的反对意见牵着我们走。我们在演说的过程中，很有可能面对的不是一个听众对我们有反对意见。这个时候，我们在演说前的充分准备就起到了作用。因为对这些反对意见我们早已心中有数，所以我们绝对不会不知道该如何回答，我们会大方而从容地直面这些反对意见，我们更能给予这些听众一个非常贴切而准确的回答。

自信心和对自我的客观了解是我们面对听众反对意见时候的两个法宝。自信的演说家会让听众产生信任感，而对自我的客观了解也会减轻听众对我们疑虑和不良情绪。如此一来，演说前的充分准备就显得尤为重要，这是我们绝对不能忽视的一个环节。如果你认为自己对一切反对意见都驾轻就熟，那么你一定会为自己的忽视付出代价。

因此，针对听众的反对意见，我们一方面要认真对待，另一方面也不要过于较真。我们都不是十全十美的人，有些反对意见也是非常正常的现象。千万不要傲慢而不礼貌地对待这些反对意见，否则你就会陷入到无人提问的尴尬处境。

如何设计开场白

我们是演说家，当我们站在演说台上开口说话的时候，我们必须在第一时间抓住现场所有听众的注意力，让他们的精力全部集中在我们的身上。设计一个一鸣惊人的开场白将会创造出吸引听众注意力的绝佳机会，让我们的听众从开场白中获得一些有利的信息，并且让他们对我们接下来的演说充满期待。期待中的现场听众会安静地听我们说，这个时候，我们和听众就是同一个阵营里的人了。

1. 用五个以上的问题进行发问开场

用提问做开场白是一种非常吸引人的方法。每个人天生都有一种好奇心，我们的问题就是要挑起他们的好奇心，让他们期待我们给出答案。为了不错过我们的答案，现场听众就会全神贯注地听我们说，那么我们就可以将演说现场掌控在自己的手里了。

我的演说开场白会提出五个这样的问题：

问题一：一个小学读了九年，之后又读了五年初中，没有考上高中的人是如何成为大学教授的，你想知道吗？

问题二：一个普通话都说不好的人如何成为特种兵演说家，你想知道吗？

问题三：一个性格懦弱、自卑的人如何给3000人、5000人做演说，你想知道吗？

问题四：一个特种兵建立的演说训练营是如何获得认同和成功的，你想知道吗？

问题五：一个从来不会招商、不会培训的人如何为一家企业创造了1200万的利润，你想知道吗？

我将结果变成了问题，我就是要用这样的问题来吸引现场听众的注意力，让所有的人都想知道答案，让所有的人都安静地听我说。

用问题来做开场白必须做到环环相扣，使每一个提问都能调动起现场听众的好奇心，从而让他们随着我们的思考方向来想问题的答案。在这样的开场白中融入我们的个人魅力和表达技巧，就是成功的保证。

2. 用一个最有震撼力的故事

故事式的开场白是非常容易被接受的一种方式。我们从孩子的时候开始就会关注各种各样有趣的故事。成年以后，这样的接受习惯依然不会有太大的改变。而具有震撼性的故事本身就会吸引现场听众的注意力，让他们竖起耳朵认真地听我们说。

演说前我们都会针对不同的听众和不同的需求设计许多故事，而我们的开场白必须是全部的故事中最有震撼里的故事。

我一般会选择讲安东尼·罗宾的故事。因为安东尼·罗宾是具有传奇经历的人，他是一位世界级的超级演说大师。他的故事不但具有名人故事的说服力，而且具有强烈的震撼力。能够让我的听众从一开始就沉浸在敬佩和仰慕中，这样我的开场白就算成功了。

故事式的开场白本身就具有活泼有趣并发人深省的特点，那么我们选择用震撼力强的故事就更能让现场听众在感兴趣的同时提高自己的关注度，为我们接下来的演说打下很好的基础。

3. 讲一些与主题相关的笑话开场

现实的生活中，我们总会遇到这样或者那样的烦恼。来到现场听我们演说的听众也许正在为某一件事情发愁，没有心情听我们说。当他们正想赶紧听我们演说，赶紧去做自己的事情的时候，我们用一个关于主题的笑话做开场白，让他们能够会心一笑，暂时忘记烦恼，然后收敛心神来认真听我们的演说。这就是笑话式开场白达到的最佳效果。

幽默是上天赋予人类最好的财富。在开场白中运用我们的幽默，让听众哈哈大笑，笑过之后，听众就会觉得勇气顿生，烦恼皆忘。此外，笑话式的开场白会让听众感觉到我们是真正拥有智慧和力量的演说家，这样的演说家的演说绝对值得期待。

4. 做些简单的互动游戏

互动游戏式的开场白可以直接将现场听众带入到我们的演说中，互动游戏是非常好的切入点。当现场听众与我们一起做过游戏之后，我们与听众之间就没有了陌生感，彼此会快速地熟悉起来，并且也收拢了现场听众的注意力。

我经常会与现场听众做一个互动游戏。这是一个关于价值观的游戏："你知道一亿美元是如何运作的吗？知道的听众请举手确认一下。好的，有人知道，有人不知道，接下来大家跟我一起做几个动作……"

就是这个简单的互动游戏，让现场所有的听众都参与进来，然后我再很自然地过渡到正式的演说中。

简单的互动游戏会在一开始就让现场听众看到我们的智慧和活泼有

趣的一面，既能减少陌生感，也会让我们与听众通过这样的互动游戏彼此快速了解。如此一来，接下来演说中的互动环节就会进行得非常顺畅。

5. 发自内心的感谢开场

感谢式的开场白非常适用于在政府部门的演说上运用。我们在政府部门的演说台上用提问式开场白显然是不合适的，而我们发自内心的感谢就显示出了我们的诚意和智慧。我们首先要感谢政府部门的最高领导，然后说一些感谢的话就可以结束开场白了。

在运用感谢式开场白的时候，我们应该注意把要感谢的人都说到，不能不全面。感谢的话不要拘泥于形式，要让领导和听众都能感受得到我们是发自内心的感谢，而不是走过场说说而已。感谢式开场白能让听众从一开始就明白我们是懂得感恩的人，这样做可以提升听众对我们的第一印象。

我们为自己设计开场白主要起到两个方面的作用：一方面我们要将现场听众涣散的精力都集中到我们的身上；另一方面让现场听众感受到我们的个人魅力以及我们超群的智慧和知识，让他们对我们的演说产生极大的期待感。因此，开场白对于每一个演说家来讲都是非常重要的环节。我们的开场白也要因地制宜、因人不同，做到张弛有度，起到调动全体听众情绪和注意力的最好效果。

如何设计结尾

如果说演说的开场白是直抒胸臆的话，那么演说的结尾就要起到画龙点睛的作用。一场成功的演说是要由精彩的开场和精彩的结尾共同组成的，缺一不可。如果我们的演说结尾过于草率和马虎，那么我们之前在演说的过程中留给现场听众的好印象就会大打折扣甚至会所剩无几。如此一来，我们在演说台上几个小时的努力就会因为一个糟糕的结尾而被全部抹杀掉。由此可见，演说结尾的作用是不能忽视的，一个精彩的结尾可以为我们整个演说加分。

1. 用一首诗词来结尾

诗歌式的结尾要选择一首与演说主题联系紧密的诗词。如果我们运用的诗词离演说主题相距甚远或者没有什么关系，那么就会让听众感到莫名其妙，不知道我们到底要达到什么效果，也会奇怪你为什么要如此结尾。

用一首诗词来作为演说的结尾，不仅彰显了我们的文化气质，也会使现场的听众加深对我们的印象，甚至有可能以后每次他们看到这首诗词的时候都会想到我们和我们当天的演说。

2. 用一个有震撼力的故事结尾

故事式的结尾同故事式的开场一样，我们选择的故事要有非常强大的震撼力。我们在结尾部分所运用的故事应该起到升华主题、总结演说的作用。故事永远都是最有生命力和感染力的，而我们用来结尾的故事也最好是真实的案例，要能让听众从故事中体会到深刻的哲理和内涵，从而被我们的演说深深地感动。

我在为推销员进行演说的结尾处，背诵了《世界最伟大的推销员》一书中的一段故事，收到了非常好的效果。这不仅巩固了我的演说成果，而且让现场听众对我表现出更大的热情，完全沉浸在我的演说内容中，久久不愿离开。

我之所以会选择用这本书，就是因为这本书的内容和我当天的演说内容很一致，而且这本书中的故事具有足够的震撼力，语言也非常精辟，可以使我的演说结尾达到画龙点睛的效果。

用一个故事来结尾，这种结尾更有感染力，也更加煽情。最佳的效果是能将现场的听众讲得哭起来。这种结尾也会让我们和听众之间建立起一种亲密而和谐的关系，并强化我们的演说效果。

3. 唱一首关于感谢的歌来结尾

用歌曲来表达我们对现场听众的感谢和感恩，这种结尾的方法很容易调动起听众的激动情绪，最好的效果就是让全场的听众和我们一起唱。

在演说中用歌曲来结尾的时候，我会选择《感恩的心》这首歌。因为这不仅是一首关于感恩的歌，也是一首人人会唱的歌。一般来说，我会调动全场的听众和我一起将这首歌唱两遍，以此来作为演说的结尾。

我们选择的歌曲应该是柔和而积极向上的，也是耳熟能详的。这样的歌曲才能达到我们演说结尾想要的效果，也才会让听众全体参与进来。

　　无论我们的演说在开场和过程中是多么精彩绝伦，但结尾才是全场最出彩的部分。演说的结尾是我们所有的努力和智慧定格的时间，我们要尽力将演说结尾塑造成整场演说中最华丽的乐章，从而让现场的所有听众无论在哪一天回忆起当天的演说都会感到无比激动和难以忘怀。

　　要想我们的演说结尾留给听众难以磨灭的印象，我们就必须让演说的结尾不仅强大有力，而且扣人心弦，让当天来听我们演说的所有人想忘都忘不了。这样才是我们演说结尾的最佳效果，更是我们每一场演说都成功的不二法则。

成就超级演说家的关键性细节
——演说是细活，每个细节都不能忽视

第八章

细节决定成败。对于演说家来说，更是如此。在演说过程中，任何一个细节的疏忽都会导致整个演说的失败。我们不能让那么多人、那么多天的努力就因为一个小细节而付之东流。因为我们是演说家，我们要比任何人都注重细节的完美性。简单地说，演说是由各种不同的细节组成的。每一个细节都是非常重要的组成部分，有了完美的细节才会有成功的演说。

举手的速度

演说过程中我们总会有一些问题要向听众提出，而听众举手的速度既是他们对这个问题感兴趣的程度，也是他们精力是否集中的表现。听众举手的速度一定是有快有慢的，如果大多数听众举手的速度很配合我们的提问，那么就证明他们是在精力集中地听我们说。相反，就说明听众已经有些神思倦怠，我们就要用讲故事或做游戏的方式来活跃一下现场的气氛，重新将听众的注意力吸引回来。

演说家虽然是独自一个人站在演说台上，但我们绝对不能将演说变成独角戏。有许多演说家会有这样的表现：一个人站在演说台上神采奕奕地口若悬河，滔滔不绝地只顾自己讲得过瘾，没有停顿，没有过程，也不和听众互动沟通，当然这样的演说家也会提出问题，听众也会举手确认，但是他们根本就不在意听众的举手过程。也就是说，听众举听众的手，他们演他们的说，完全是两件不相干的事情。如此演说的结果只能是一败涂地。

我在演说过程中，会想尽一切办法、用尽一切技巧来调动听众参与到我的演说中。因为只有听众的参与才能让我的演说更加完整和成功。有些时候，我会故意提出一连串的问题，让听众举手确认。

这样做有两方面的好处：一方面可以让坐得很久的听众有一些肢体上的放松，让他们重新集中精力；另一方面也是初步确认我的演说效果，让我知道下一个阶段的演说要如何进行才好。

有些演说家不是很注重演说中听众举手的速度，认为这些都是无关紧要的小事。其实，演说的成败往往就取决于这种小细节上。一个成功的超级演说大师就必须在细节上做到精雕细琢，将每一个细节都做到准确到位。这样的演说家才能一步一步地走向卓越，走到世界级的演说台上。

现实生活中的每一场演说都需要我们亲力亲为，我们也会面对不同的听众，解决不同的问题。那么，我们如何在最短的时间里了解听众的需求呢？答案就是细节。我们要从听众反馈给我们的每一个细节中获得信息，并且将这些信息及时地运用在我们的演说中。如此一来，我们就会将演说的控制权和主动权紧紧地掌握在自己手中，现场的听众也就会听你说、跟你做、随着你的思维来思考。

举手的速度就是听众对于我们演说的反馈，这个反馈是非常重要、不容忽视的细节。通过听众举手的速度，我们可以观察到听众的参与度、对我们问题的兴趣度以及对演说的热烈度。一场精彩而出色的演说必将是一场演说家和听众从思想、思维方式、观点、实际运用等方面全方位的碰撞和融合。我们要从举手的速度这一细节上观察和分析出听众此时此刻的喜好和情绪，从而进一步加深彼此的互动沟通。

我们的演说是要满足听众的实际需求，而不是一场个人的独角戏。但由于听众无法逐一地与我们沟通，所以我们就必须观察听众举手投足间的细节，以此来与听众达成一致。一个优秀的演说家懂得解读听众的举手速度所传达的信息。

举手的速度就是在演说的过程中，听众给予演说家的一个重要信息。从这个细节当中，我们可以抓住许多对我们演说有力的内容并加以利用，从而使得我们的演说现场成为演说家和听众交流方法、沟通思想、智慧碰撞的大舞台。

拿麦克风的姿势

　　演说时一般会配有麦克风，而拿麦克风的姿势也是非常有讲究的。一般来说，麦克风要有一个90度的倾斜，不要离自己太近也不要离得太远，应该远近适中并使自己挺直腰板。原则上麦克风的远近既要让听众听清楚我们的声音而不带杂音，又要让我们感觉到舒服而不费力气。这就是我们在演说过程中拿着麦克风的基本姿势。

　　拿麦克风的姿势能够展现出演说家的精神状态。如果我们用双手紧握麦克风，那么听众就会认为我们非常紧张；如果我们用单手拿着麦克风，并在演说的过程中不停地换手，那么听众就会认为我们的思想不集中；如果我们态度从容地拿着麦克风，在演说台上一边走动，一边与听众进行互动沟通，那么听众就会认为我们的演说状态很好、很从容。总而言之，听众会从我们拿麦克风的姿势来判断我们此时此刻的演说状态。

　　我在演说的过程中用拿麦克风的姿势来控制我的双手。因为如果我在演说台上不把双手控制好，那我的双手就会变成"无限大"。简单地说，就是放下也不对，举起来也不对，不知道该把手放在哪里。我的听众就会从我的尴尬中看出来我的状态不佳，从而对我的能力和实力产生怀疑，进而对我的演说失去信心。

一般情况下，我会挺直腰板，用单手拿着麦克风，而且一般不会换手。让现场听众看到我用稳定而从容的姿势拿着麦克风。这样做有两点好处：一方面听众会从我拿麦克风的姿势中观察到我是不是一位成熟的演说家，进而决定是不是要信任我，并让我解决他们的问题；另一方面我用拿麦克风的姿势向自己，也向听众传递一种信息，我的内心很稳定，我对自己也是充满信心，希望大家信任我并与我互动沟通。

简单地说，拿麦克风的姿势对听众来说是了解我的一个细节，而我也通过这个细节给自己信心，并且让听众舒服地听我说。

从另一种角度来说，拿麦克风的姿势也是一种手势。而在演说的过程中，手势也是一种辅助演说的技巧。单手拿着麦克风，尽量不要频繁地换手，这是为了避免手势变化过于多，反而分散了听众的注意力。姿势和手势的适中不仅会让我们更加从容稳定地进行演说，而且不会让听众产生焦躁和不安的情绪。因此，拿麦克风的姿势是一个非常重要的信息传递细节，我们要充分地掌握和运用。

当然，要想在演说台上有最佳的表现，就离不开平常日子里的刻苦练习。作为一名优秀的演说家，我们应该养成这样的习惯：每一次演说前都要照着镜子反复练习姿势和手势，以便做到对于自己在演说台上的每一个动作都清楚明了。对着镜子练习的优点就是我们可以客观地看到自己的真实表现，而不是我们在脑海里对自我形象的想象。

拿麦克风的姿势是我们传递信息的一种方式，我们要通过这个姿势展现内心的稳定和从容，使得听众舒服而自然地接受我们的演说内容并积极主动地与我们互动思考。因此，一个拿麦克风的好姿势也是我们演说成功的一个重要组成部分。对于这个关键性的细节，我们绝对不能忽视。

对于站在演说台上的我们，传递和接受信息都是非常重要的。而我们需要通过一些固定的姿势来表达自己的内心情绪，我们要力求表现自然而不做作，让听众在视觉上感到舒服，感到放松。这样做才能真正帮助我们顺利而完美地演说，并在增加自身影响力的同时也增加我们对自身的控制能力和表现能力。

肢体动作的收放自然

美国社会学家艾伯特·梅尔贝因说过："人类是通过三种方式接受信息的：55%是通过视觉，38%是通过声音，7%是通过言语。"由此可见，视觉的接受力是最强的。我们在演说中所展现的肢体动作就是给予听众最直接的视觉语言。如果我们能够适中得当地展现自己的肢体动作，那么我们就会给听众留下非常好的第一印象，从而让听众认真对待我们的演说。相反，如果我们的肢体动作夸张做作，就会产生很大的负面作用，使听众还没有听到演说就对我们产生不好的印象。

现场演说要求我们能够收发自如地控制自己的肢体动作，一方面我们要从非语言沟通上控制肢体动作；另一方面我们要控制的是平时不经意的习惯动作以及潜意识的姿态和手势。控制好这两个方面，我们在演说过程中的肢体动作就会变得自信，并且可以从容地掌握演说全场。因此，积极而收发自如的肢体动作就是演说过程中的润滑剂。

我认为肢体动作不只是身体的动作，也包括面部的表情。在我还没有开口说话的时候，我会通过微笑来缩短我和听众之间的距离。温和而适中的笑容不仅可以放松我和听众的心情，也会让我在短时间内获得听众的好感。所以，积极而适中的肢体动作，我皆先从脸上的笑容开始做起。

　　首先，我会将我的腰板挺直，显出我良好的教养。接着，我会找到一个让我觉得自信也让听众感到舒服的动作站在演说台上。最后，我才开口开始我的演说。这样的一系列肢体动作做下来，我向听众传递了从容而坚定的心理状态，有利于听众对我建立良好的第一印象。

　　在演说的过程中，我的肢体动作会随着我的演说内容而有所变化。当演说的内容需要我激情四射的时候，我的肢体动作也会随之夸张热烈起来；当演说内容需要我淡定从容的时候，我的肢体动作也会变得内敛平和。总而言之，肢体动作的收发都要根据演说内容以及现场氛围而变化。如此一来，我的肢体动作才会让听众接受，而不会感到别扭和不舒服。

　　演说台上的肢体动作必须是积极向上的，而不要是懒散疲倦的。积极向上的肢体动作能够带动现场听众的情绪，使得他们接受我们，听我们说。相反，懒散疲倦的肢体动作首先就是对演说和听众的不尊重，其次也是演说家没有诚意和素质的一种体现。因此，当我们站在演说台上的时候，无论你今天是感觉到身体不适或者你昨天没有休息好，我们都必须身体挺直站立，不要东倒西歪，两肩平衡打开。这样的肢体动作才会展现出我们对于这次演说的自信心和掌控力，让听众感到一种扑面而来的激情。

　　我们的肢体动作必须受到自身的支配，而不是随心所欲。从我们踏上演说台的那一刻开始，我们所有的肢体动作都必须是为演说服务的。我们不仅要随着演说的内容而随时改变自己的肢体动作，而且要根据听众的喜好来展现我们的肢体动作。我们必须明白的一个道理是：肢体动作也是一种语言，它是我们演说当中非常重要的组成部分。

　　由此可见，肢体动作的收发自如来自于我们对演说事业的热爱，也来自于我们对现场听众的尊重。当我们风度翩翩地出现在演说台上的时候，我相信此时没有一个听众会看轻我们，也不会导致"你说你的，我就是不听"情况出现。所以，肢体动作也是我们平时练习演说时的一个重点，积极向上并收发自如的肢体动作就是演说家另一种掌控全场、成功演说的有力武器。

语气的抑扬顿挫

　　一句话、一段语言都有着自身要表达的意思，而语气中的抑扬顿挫不仅能将意思表达得更具体和完美，而且能将内容表达得更加出色和精彩。语气是多变的，而多变的语气是演说家的制胜法宝。每一个成功的演说家都会用语气来更好地诠释自己的演说，用语气的变化来达到万众瞩目的效果。

　　语气的抑扬顿挫是随着演说家的思维而改变的，我们要学会用语气的抑扬顿挫来表达我们的思想和演说内容，使得我们的演说更加立体和系统，让听众接受起来更加容易并记忆深刻。演说的过程中，听众会自然而然地注意到我们语气的改变，同时也会对我们改变语气之处的内容留下深刻的印象。因此，我们要非常精细地控制语气，不要随便加重音或者随便降低语气，这样做会让现场听众感到混乱，不知道你到底是要强调什么内容。

　　我会在演说中严格控制语气的变化，限制演说内容中的重点强调。这样做就是为了让听众听到一个重点就记住一个重点，而不是茫茫然、不知所措。比如我说："我说，我看，我征服。"这个句子，我可以将这三个词语都加重语气。但是，如果我在"我看"的后面停顿一下，那么整个句子所表达的意思和意境就完全被突显出来，让听众深深地记住"我征服"这个内容。

语气的抑扬顿挫是需要长时间练习的。在平时的练习中，我会建议我的学员将自己的演说录音下来，然后一遍一遍地放出来。先给自己听，自己听不出来缺点就放给朋友、同事听，让所有人都来给你找缺点，这样做我们才会不断地进步和提高。

我经常提醒我的学员不要忽视语气的抑扬顿挫。因为我们是在演说，而不是在照本宣科。既然是演说，我要求自己的每一句话都要有激情、感染力、表达力，语气的抑扬顿挫以及句子与句子之间的起伏停顿都要表现得准确到位，掌握得完美无缺。

要成为一名优秀的演说家，就要培养自己张弛有度的表现力，在语言上更需要精益求精。如果我们只是单纯地说，没有起伏，不带任何情绪，语气平淡没有变化，那么现场的听众就只好退场或者打瞌睡了。相反，如果我们的语气有高有低、平缓有度，那么我们的演说就会充满魅力和力量，让听众感到欲罢不能，感到心情愉快。现场听众会沉浸在我们妙趣横生、千变万化的演说中，自然而然地接受并记住我们和我们的演说。

需要注意的是：语气的抑扬顿挫需要和演说的内容以及肢体动作相结合。如果我们单纯地变化语气，会让听众感觉到不适或别扭，那么我们就无法获得语气变化的最好效果。相反，如果我们将语气、内容、动作都结合得完美而统一，就会给听众很好的视觉效果，对演说起到很好的推进作用。要想演说收到积极向上的效果，我们必须对演说中的一切细节足够重视，而语气的变化是这些细节当中非常重要的一环。一场成功而精彩的演说，演说家绝对不会是一个不会运用语气抑扬顿挫的人。

语气的抑扬顿挫能帮助我们自然、生动、有感染力地完成我们的演说，当我们可以自由驾驭语气变化时，我们就能自由而随意地表达自己的情绪和思想。语气也是我们演说风格的组成部分，独特的语气运用让我们在显得与众不同的同时，也为听众传递更有用的信息和办法。所以，在演说的过程中我们的语气变化既能提升演说的魅力，更可以让我们显得更加从容而自信，一个成熟的演说家就是能够完全驾驭语气变化的人。

传神的目语

从我们懂事开始，我们就会说："眼睛是心灵的窗户。"那么，眼神就是心灵的语言，这种语言叫做目语。要想看到一个人的内心，那么看他的眼神就足够了。如果我们在演说的过程中，用我们的眼神与听众交流，用我们的目语与听众说话，那么听众在对我们的眼神留下深刻印象的同时，也会对我们的演说有所期待。相反，如果我们从踏上演说台的那一刻开始到演说结束的时候都不去看现场的听众，那么听众的眼里也不会看到站在演说台上的你。

想成为一名超级演说大师，就必须学会用眼神来表达自己，用目语对听众说话。没有任何一个听众会对一个不看自己的演说家抱有强烈的兴趣和关注度。我们要用眼神向听众传达内心的情绪，也要用眼神来接受听众反馈给我们的信息，这是一种心灵上的交流沟通，也是演说中最好的心灵互动。

每一位演说家都有自己独特的演说习惯。我习惯走上演说台之后，站稳身体，然后用眼神从左到右，从右到左巡视一遍会场。如果听众也正看着我，那么我的眼神就会与他们对视几秒钟。我的这个习惯让我受益匪浅，听众会听到我的目语在说："我已经准备好了，你们准备好了吗？"

　　我用眼神与听众作最直接的心灵互动，让他们知道我很放松，我对演说很有把握，而且我要说的内容他们一定会感兴趣。听众也会给予我及时的反馈，当他们目光炯炯地看我时，我知道听众已经准备好要认真听我说了。这个时候就是我开始演说的最佳时机。

　　同语气的变化一样，对于眼神目语的运用也要和内容、动作、语气有机结合起来。我的目语会随着演说的进展和起伏传递给现场听众不同的信息，也从他们的眼神中获得相应的反馈。这样，我就能准确地知道下一步演说应该如何进行，应该讲一个幽默故事还是接着刚才说的内容继续说下去。

　　每一个演说家都会将自己的一些小习惯在演说中不知不觉地带出来。我们有的时候为了集中精神，会盯着会场的一端说话，也会因为内心的紧张而看着听众的头顶说话。这些运用眼神目语的方式都是不对的，这些眼神会让听众觉得莫名其妙，进而产生反感。

　　为了让全场的听众都看到我们的眼神，我们可以将演说现场分为几个区域，保证自己的眼神能够在每一个区域都做相应的停留。在每一个区域中都找到一个或者几个认真与我们用眼神交流的听众，然后我们的眼神就看着他们。但也不要过于专注，以不让听众本人和其他人都感到尴尬为标准。

　　对于眼神目语的练习更需要我们在平时的日子里逐渐地积累。眼神要能表达我们内心此时此刻的感情，目语会让听众听到我们的心声，这样的眼神和目语都不是一朝一夕可以培养出来的。作为一名优秀的演说家，我们必须具备自由运用眼神目语的能力，让眼神成为我们与听众心灵互动的一座桥梁。

　　眼神的目语是一种语言，也是一种演说技巧。我们用它来与现场的听众达成某种默契，这种默契就是让听众明白：我们是真诚的，也是真心来帮助他们的。有些情况下，一个真诚而有力的眼神往往会胜过千言万语，我们要用眼神说出我们的心声，让全场的听众都听得到、听得懂。对于一个成熟而优秀的演说家来说，眼神的目语可以帮助我们即使在一言不发的情况下也能获得全场的关注以及听众的接受和信任。因此，眼神的目语是我们的一项必修课程。

超级演说家的6大禁忌

——这些错误让演说功亏一篑

第九章

每一种职业都有自己的禁忌，演说也不例外。这些禁忌对于演说家来说是必须回避的，否则就会让我们的演说功亏一篑，也让我们无法成为超级演说大师。哪怕我们在演说中触犯了其中一条，都可能毁掉我们辛苦准备的演说。

不要对着稿念

演说中的禁忌第一：照着稿子念。每一个演说家都有自己固定的演说习惯，对于演说稿的准备也是如此。有些演说家不喜欢拿着演说稿，公众演说的时候大多数情况下都是抛开演说稿的，但对于一些新手或者那些喜欢使用演说稿的演说家来说，演说稿就是非常必要的。无论我们喜不喜欢演说稿，它都是我们一场演说最基础的准备。

不管我们在演说台是拿着演说稿还是抛开演说稿，有一个禁忌是我们每一个人都必须记住的，那就是不要对着演说稿一字不差地照着念。不要以为这样的错误只发生在拿着演说稿演说的人身上，当我们抛开演说稿的时候也很容易犯这个错误。因为演说稿已经在我们的脑海里，而我们却不会因地制宜，所以将演说稿一字不差地照着背出来。站在演说台上，我们一定要记住：我们是在演说，不是在朗读，更不是在背课文。

一般情况下，我的演说都是脱稿的。因为许多演说内容已经刻在我的头脑中，我会自动脱口而出。尽管如此，演说前对于演说稿的准备还是我的必修课。因为如果没有演说稿，演说的整体框架就会被打乱，演说的效果也会受到一定影响。

在演说中做到脱口而出并不是一件非常容易的事情，这需要在平常的日子里反复不断地练习。我对我的学员也是有这样的要求的，我希望我的学员在演说的过程中尽可能脱稿演说。如果无法做到脱稿演说，也不要对着演说稿一字不差地照着念。

如果对着稿子照着念，那么一场非常好的演说就会变成无聊的学术报告。无论演说稿写得多精彩，只要照着念了就会变得无聊无趣起来。我会给学员做一些演说前的练习，让他们都习惯脱稿演说，并将自己的思想和观点融入其中，将演说稿中的内容变成自己的话，这样做才能够收获一些成绩。

我们拿着演说稿照着念的时候，一般情况下是因为我们害怕在演说中忘词。实际上，忘词是每一个演说家在每一场演说中都会遇到的情况。无论演说的主题我们说过多少次，也无论我们将演说稿记得多么牢固，忘词的现象总会发生。有些时候不知道什么原因，我们的大脑会出现一片空白的情况。于是，我们就完全不知道接下来该讲什么内容了。

忘词的时候不要惊慌，也不要不知所措。我们要迅速冷静下来，想一遍演说稿。如果实在想不起来也不要紧，用从容的态度继续刚才的主题。想不起演说稿就不想，用自己的语言和观点继续刚才的演说主题，这才是忘词的时候演说家应有的表现。

不要对着演说稿照本宣科，如果我们拿着演说稿一字不差地念着，那么听众就会觉得这个演说家的准备不充分，连稿子都没看过。况且，要是听演说家这么念稿子，还不如听众自己看呢！听众为什么要浪费时间来听这样的演说呢？

如果我们不拿着演说稿，却一字不差地背着稿子，那么听众会认为这种小学生都会做的事情，一个演说家来做就没有任何意义了。听众不但不会觉得我们背得流利、背得好，反而会打起瞌睡来，觉得我们的演说无聊至极。

因此，演说的第一个禁忌就是照着演说稿一字不差地读稿子或者背稿子。我们要将演说稿的主题、框架、内容都统统输入到头脑中，然后再用自己的语言表达出来。演说就是要活跃而有趣，而不要像枯燥的学术报告。听众对于我们的要求只是在轻松愉快的情况下让他们获得实用的知识和信息。如果连这一点要求都无法达到，那我们就要勤加练习，努力让自己更加优秀，使自己更适合演说家这个职业。

不要侮辱和教训听众

演说中的禁忌第二：侮辱和教训听众。如果演说家站在演说台上对听众进行侮辱和教训，其实你侮辱的不是听众，而是你自己；教训的也不是听众，而是你的教养和职业道德。所以，在演说中不要侮辱和教训听众，这是不能忘记的演说禁忌。如果你犯了禁忌，那么你得到的不仅是听众的反感和演说的失败，还有可能是听众的愤而离场以及再也不会有人来请你演说了。

著名的演说家、政治家、作家诺曼·文森特·皮尔说过："人类的天性需要爱，也需要尊敬，每一个人都有一种内在的价值感、重要感和尊严感。你若伤害了它，就永远失去了那个人。因此，当你爱一个人、尊敬一个人时，你也就成就了他；而且他也同样爱你、尊敬你。"这段话告诉了我们一个道理：如果我们给予听众的是爱和尊敬，那么听众也会爱我们、尊敬我们；如果我们给予听众的是侮辱和教训，那么听众给我们的反馈也只能是侮辱和教训。

在演说的过程中，无论遇到任何情况我都不会侮辱、教训我的听众。因为我知道如果我侮辱了听众，那么我得到的只能够是听众的反感，这些听众下一次绝对不会再来听我的演说。

　　我曾经听过一个老师的演说，他基本上没有系统地学习过演说，所以他犯了演说禁忌，他在演说中说："你们这些人是没有贵族血统的。"他的这句话不仅让现场的听众普遍对他产生了厌烦的情绪，也让他的演说几乎没有什么效果可言。

　　我现在常对我的学员说："对于听众，我们不能侮辱他们，只能让他们感到自己是被尊重的；也不能教训他们，因为他们在某个领域是我们的老师，比我们强，我们没有资格教训他们；也不能批评他们，只能鼓励他们。在演说台上，我们可以自我批评、自我嘲讽，但是不能对听众不尊重。"

　　有些演说家有个很不好的习惯，他们会站在演说台上用一个手指头指着台下的某一个听众。这样的举动不仅会让被指的听众反感、生气，而且会让其他的听众认为这个演说家不懂得尊重他人。这样，听众也不会将自己的尊重给这样的演说家。听众一旦形成了这样的想法和看法，就会不知不觉地站在演说家的对立面。结果就是演说家的提问得不到回答，也没有听众对他提出问题，演说现场基本上无法进行顺畅的交流、沟通、互动，演说也就只能草草收场。

　　不要对我们的听众侮辱和教训，也不要对我们的听众有任何的不尊重，更不要和我们的听众发生任何争执。在演说的过程中，我们要保持良好的教养，使用文雅而文明的用词，避免用粗俗的言辞对待我们的听众。我们要懂得听众是来给我们捧场的，我们应该感谢听众。我们与听众之间是平等的，而不是上下级的关系。所以，我们要用真诚、热情、严谨和活泼的语言给予我们的听众足够的重视和尊重。

　　要想得到听众的尊重，我们就要先尊重听众。要得到听众的配合，我们就要先给予听众喜欢我们的理由。我们得到了听众的喜欢，听众就会接受我们，进而接受我们的演说内容。这样我们的演说才会获得成功，也才会真正地帮助听众解决问题。

不能迟到

　　演说中的禁忌第三：迟到。演说家迟到是对演说、对听众的不尊重、不重视的体现。迟到行为会引起听众的集体反感并直接导致演说的失败。所以，作为一名职业的演说家，不能在演说的时候迟到。这是一条不可更改的行为准则。因为如果演说家迟到，那么就意味着成千上万的听众要等候你一个人。这样的等候是非常没有意义的，所以听众会对没有见面的演说家产生一种抵触的情绪，也会在整场演说中看你都不顺眼，更不会配合你的任何互动环节。这样的演说只会有一个结果，那就是失败。

　　俗语说：面子是别人给的，脸是自己丢的。迟到行为无论是在演说的时候，还是在平常的日子里，都是一种不礼貌的行为。在演说中迟到，现场的听众会认为我们的迟到行为是不顾他们的感受和自尊的，那么听众就会在演说的过程中给予我们难堪，他们不仅不会配合我们，还有可能故意和我们作对。如果我们再因为听众的故意为难而大动肝火，那么恐怕以后就真的不会再有人请我们演说了。

　　在我的演说生涯中，我基本上没有迟到过。因为我知道如果我迟到了，那么无论我怎么道歉，也无论我多么卖力地演说，所收到的演说效果都是非常不理想的。实际上，就算听众理解了我迟到的行为，他们对我的印象也已经不是那么好了，所以在接受我的观点和理念的时候就会在不知不觉中设置障碍。

迟到绝对是一个非常不好的行为，所以听众会将迟到列为我身上的一个缺点。如果我还没有开口甚至还没有见面就让听众知道了我的一个缺点，那么之后的演说中我就算有再多的优点，也不会抹掉迟到的缺点。所以，我在演说的时候尽我最大的努力不迟到。

也许有些时候，迟到并不是我的主观过错。比如堵车，飞机、火车晚点或者主办方通知有误等原因。为了避免这些因素让我迟到，我常年保持着提前一天到达演说的城市的习惯，并且提前十五分钟进入演说会场。我这样做既可以有效地避免迟到，也会让听众和主办方都看到我的诚意以及我的职业素质和职业道德。

有些迟到真的不是我们的问题，因为我们无法预料所有要发生的事情，但是大部分的迟到我们都是可以避免的。实际上，大多数的听众都是非常通情达理的，当我们解释清楚迟到的原因的时候，他们基本上都会给予我们原谅，但是听众的谅解不能成为我们迟到的理由。更有些不守时的演说家，对迟到习以为常，并理直气壮地觉得听众等候演说家是应该的，市场和听众最终会将这样的演说家淘汰出局。对于这样的演说家，听众不仅不会喜欢，反而会排斥甚至抵制。

养成不迟到的好习惯才是我们应该做的事情。无论迟到的原因是什么，作为一名有素质的演说家，我们都不要为迟到行为找各种理由。或许你的迟到理由非常充分，或许听众已经原谅了你的迟到，但是作为演说家来说，我们不能让迟到的行为一而再、再而三地发生在自己的身上，我们要坚决杜绝迟到行为的发生。

不迟到，不仅是遵守时间，更是对演说主办方、对现场听众的极大尊重和重视。守时的习惯也是我们有教养的一种体现。听众对一位有教养并且尊重他们的演说家会给予足够的配合和接受。如此一来，我们在演说顺利进行的同时也会与听众之间建立起充分的彼此信任、彼此尊重的良好氛围。我们会在这种良好的氛围中完成演说，收获成绩并帮助听众，提高自身的影响力。人与人之间的关系都是相互的，我们不迟到的行为给予了听众尊重，所以听众也会同样给予我们接受和配合。只有我们不迟到，演说才会准时开始，而且这是一个非常好的开始。

不要用道歉的方式开场

演说中的禁忌第四：用道歉的方式开场。演说的过程中我们会遇到各种各样的问题，而最让人感到为难的是这些问题出现在演说前。如果我们就这些问题向听众道歉，那么势必要向听众做出详细的解释。如果我们在出现问题的时候不向听众道歉，那么我们又担心会影响到我们的演说效果。遇到这种问题最好的解决方式就是不要在刚开场的时候就道歉，而是要将对这些问题的解释融入到演说中巧妙地向听众道歉。这样做的好处就是让听众在自然的状态下接受我们的解释和道歉。

如果我们用道歉来作开场白，那么我们就犯了演说中的禁忌。这对我们的演说有两个方面的影响：一方面，听众在这个时候会失去原本对我们演说的期待，即使听众接受了我们的道歉，我们的演说效果也不会很好；另一方面，用道歉来开场也会影响我们的演说进程，如果我们在道歉之后才开始说真正的开场白，那么这个开场白就已经失去了原本应该具有的效果和意义。

我在自己的演说课程中经常会对学员说："不要用道歉的方式开场。假如今天的演说我迟到了，先不要道歉，先要开始正式的演说。我们不要说'不好意思，今天迟到了'这样的话，如果可能连迟到都不要提起。"

　　我认为如果在开场的时候就对听众说对不起，就会严重地挫伤听众对我的演说的期待感和兴趣。更重要的是，我一说"对不起，不好意思"，听众马上就会联想到我没有做好演说的准备，所以才会事先对他们道歉。无论是以上的哪一种情况，都会严重影响到我的演说以及我和听众之间将要建立的和谐关系。

　　一般情况下，在演说中我是不会说"对不起"的。如果我对听众道歉，在心理上我马上就低于听众了，那么我就很有可能在失去自信心的同时也失去了对于演说现场的掌控力。如果我无法掌控演说现场，那么我的演说就会变得乏味无趣，然后草草收场。我是不允许这样的情况发生在我的演说中的，所以我从来不犯这个禁忌。

　　要想不用道歉做开场，我们就必须做到事事准备周详。在我们每一件事情都做得圆满而成功的时候，我们是不需要道歉的。但是如果我们做错了事情，即使我们不向听众做出道歉，那么听众对我们的第一印象也是不好的。总而言之，认真做好演说中的每一件事情，并且为演说做好万全的准备，这才是不犯禁忌的最好方法。

　　实际上，用道歉作为开场是一种非常不理智的行为。虽然有些事情是需要道歉的，但是如果演说家一上场就道歉的话，不但压低了自己的气势，也降低了听众的期待。而且有些事情根本就不需要道歉，演说家的道歉会对听众造成不必要的心理压力。演说中的良好气氛一直是我们努力营造的，但是一句道歉的开场白就可能毁了我们的努力。

　　演说中不要用道歉的方式开场，因为这样的开场对听众、对演说家都会成为一种精神负担，也不利于演说现场和谐气氛的营建，对演说的进程和效果更是起不到半点有力的作用。这样百害而无一利的禁忌，我们要牢记在心里。对于一个演说家的成长来说，触犯禁忌是非常致命的错误。要想成为一名优秀的演说家、一名世界级的超级演说大师，我们必须尽量少犯错误。

不能不做准备或者准备不充分

　　演说中的禁忌第五：不做准备或者准备不充分。我们已经说过了演说前我们需要做的各种准备，虽说演说的准备工作繁杂而琐碎，但是为了让演说达到最好的效果和收获最大的成绩，我们必须一步一步地完成所有的准备工作。

　　如果我们不做任何准备或者做的准备不够充足，那我们就触犯了演说中的禁忌。试想一下，如果我们不做准备就走上演说台，那么我们的心里一定会格外紧张。因为我们对演说没有十足的把握，对于现场听众的反应也没有任何把握，所以我们会感到紧张与不安，完全无法掌控演说的进程和演说现场的效果。作为一名职业演说家，不作任何准备就是对工作、对听众、对主办方极大的不尊重。不要觉得我们对演说驾轻就熟，就算不做准备也不会影响演说。实际上，你做没做准备、做了多少准备，现场的听众都会从你的演说中得到答案。不要糊弄听众，更不要糊弄自己的口碑。

　　在我的演说课程上，我的学员问过我这样的问题："老师，像你这样每天都有好几场演说，而且有些演说的主题你已经讲过许多次了，这样你还要准备吗？"

我对他说："当然要准备了，而且越是讲过许多次的演说主题准备起来越要充分。因为我要保持演说的新鲜度，我不能自己砸了自己的品牌啊！"

自信可以带给我很多积极向上的情绪，也可以帮助我更好地与现场听众互动以及完成演说。但是，自信过度就成为了自负。一个演说家一旦自负起来，那他很快就会尝到自己酿制的苦果了。所以，我尽量让自己保持一种第一次的心情，每一次的演说我都当做第一次来准备。

我是一个经验丰富并成熟的演说家，但我从来不会在演说前不做准备或者准备得不充足，因为充足的准备会给我掌控全场的能力，将我的演说效果最大化。

我们对于公众演说的准备是否充足，现场听众的眼睛是雪亮的。虽然滔滔不绝地在讲，但是底气明显不足。这个时候，我们给现场听众的感觉是慌张、局促的，似乎随时随地都打算逃离和撤退。

如果我们在演说前对每一件事情都有充分的准备，而且没有什么漏掉的准备，那么我们站在演说台上就会神采奕奕，轻松自如地驾驭演说现场。这个时候，现场听众就会感觉我们显得格外地友好、和善、真诚、坦率，就像是一个久别重逢的老友，时时刻刻都可以真心地交流和沟通。

由此可见，做好充足准备时，我们会自信而大方，用一种开放的态度来对待我们的听众。而不做准备就上演说台时，我们会忐忑不安，对待听众的态度也是封闭的。截然不同的两种效果和态度就会带来截然不同的两种演说结果。简单地说，做好充足准备的演说是成功的，不做准备或者准备不充足的演说是失败的。

因此，不做准备或者准备不充分是演说中的禁忌。我们必须记住并且不触犯这个禁忌。如果触犯了禁忌就会让我们为之奋斗的演说事业遇到不必要的麻烦，不仅会降低我们的影响力，也会降低我们在行业内的公信力。这样的错误我们不能犯。实际上，演说前的准备是一件非常有趣的事

情，我们会从中获得许多新鲜有趣的知识，并且和同事、朋友、合作伙伴
一起做准备也是一件非常让人高兴的事情，更是可以加深团队合作和互相
了解的工作。

不要问大而空的问题

　　演说中的禁忌第六：不要问大而空的问题。我们提出问题的最终目的是为了找到答案并解决问题，但是当我们不知道问题究竟在问些什么的时候，我们是否还能找到答案呢？大而空的问题是没有答案可言的，因为我们根本就不知道这样的问题要解决什么。

　　问题是我们用来解决矛盾的工具，提出问题才能找到答案，从而解决矛盾。找到问题的答案需要我们与更多的人一起交流沟通，一起讨论探求，从而达成共识。我们在演说中提出的问题越具体越好，最好是一个问题需要一个答案解决一个矛盾。大而空的问题不需要答案，我们也无法给出答案。大而空的问题不需要我们与听众一起沟通、探讨，它只是一个看起来很像问题的事物，而实际上大而空的问题不是问题，最少不是我们用来解决矛盾的问题。

　　在我的演说课程上，我会鼓励学员向我提出任何问题。一方面，可以让他们练习演说中的提问技巧；另一方面，也让我有给他们指导的切入点。一个学员曾经有过这样一个问题："你们想过成为亿万富翁吗？"这是一个典型的大而空的问题。第一，我想过，你有办法吗？第二，没想过。解决不了任何矛盾，也不会找到相应的答案。最重要的是，这类问题让听众无法回答。

我对我的学员说："问题要从小问到大，不要一开始就把问题的架子拉得过大，让听众没法回答。我们可以问一些容易回答的问题，比如：你们想不想快乐？想不想健康？想不想在工作中学习真本事？这些问题简单而容易回答，并且可以获得唯一的答案。"

在演说中我绝对不会提出像"你们想过成为亿万富翁吗？"这样的问题。因为别说我自己都没有认真地想过，我现在连千万富翁都不是呢！哪里谈得上成为亿万富翁。就算我给出了问题的答案，也丝毫没有任何说服力。

提出问题在演说中占有很重的比例，如何能提出合适而有意义的问题也是演说家平常日子里练习的关键。因为提出问题能在演说家和听众之间建立起有效的互动关系。从表面上看，我们都会提问题，但如何提出有效的问题，就不是那么简单的事情了。

如果我们提出的问题是简单而有效的，那么就能带动现场听众主动积极地思考。让听众感觉到我们的智慧以及看待事物的敏锐度，听众自然就会信服我们，与我们建立起和谐的互动关系，一起找到问题的答案，进而解决矛盾。如此一来，当解决了听众现实中的问题时，在听众那里就会获得加分，让听众更愿意与我们一起讨论问题。这是一个良性的循环。

如果我们提出的问题是大而空的，也是听众不知道该如何回答的，甚至是没有答案的无效问题，那么听众参与互动的积极性就会受到打击，从而放弃回答问题。这个时候，听众会认为我们只会说一些大话空话，根本就没有解决实际问题的能力。我们在听众的眼里也失去了影响力和公信度，听众对于我们接下来提出的问题就会沉默以对。这是一个恶性循环。

由此可见，不要问大而空的问题，归根到底就是演说现场在进行良性循环还是进行恶性循环的选择题。我相信每个人的心里都已经有了自己的答案。

我们总结了演说中的6大禁忌。所谓禁忌，就是无论在任何情况下都不要犯的错误。一旦犯了这些错误，不仅我们的演说会面临着失败的危险，我们的演说事业也会面临危机。所以，我们要将这6大演说禁忌牢牢记在心里中，不断地提醒自己避免犯这样的错误。如此一来，我们的前途才会一片光明，我们在成长为世界级超级演说大师的道路上才会走得更加顺利，一步一个脚印并走得更加扎实。

演说不成功的7大原因
——你离演说成功只差一步

第十章

　　每个演说家都会遇到事业的瓶颈期，在这个期间我们会对自己所从事的演说行业产生疑问。我们觉得自己已经很努力了，每天也都过得很辛苦，但我们就是没能成为演说大师，我们离成功似乎就是差了一步。这个时候，我们需要的不是急功近利，而是静下心来认真地想一想：我们演说不成功的原因到底是什么？

练习不够

我们在平时勤于练习，是演说成功最有力的保证。阻止我们演说成功的原因之一就是平时的练习不够。对于日常的演说练习，我们应该认真对待。只有在练习中有了出色的表现，我们才会在真正的演说中不出现纰漏。简单地说，练习情况一般，那么实际演说也可能会出错；练习情况良好，那么实际演说才会顺利；练习情况优秀，那么实际演说才会有一定的效果。

因此，我们要想达到实际演说中的成功，就必须在练习中先获得成功。只有反复不断、不厌其烦地加以练习，才能够保证我们的实际演说达到预期的目标。练习越多越好的道理谁都明白，但是能够做到的人却不是很多。有些时候，我们会因为各种各样的原因而轻易地放弃练习，认为不练习演说，也不一定会失败。然而，我们得到的结果会完全打碎我们的侥幸心理，并让我们懂得一个道理：练习不够，演说就不会成功。

在我讲课的过程中，一个学员问我："老师，我觉得如果是演说新手，不练习是不行的。但是如果是一个成熟的演说家，练习似乎就没有什么必要了吧？"

　　我思考了一下，很严肃认真地对他说："实际上，我现在还是每天都会练习，而且做不同的演说练习，并且保证每天有一定的时间是固定用来练习的。要想在演说中获得成功，你必须每天都练习，不可有一日荒废。练习不够，绝对是你无法成为演说大师的主要原因之一。练习不怕多，就怕不够。"

　　我始终认为一个超级演说大师的练习绝对要比一般的演说家多得多，也许会是一般演说家的几倍甚至几十倍。因为只有平时更多地练习，才会有演说台上的挥洒自如，也只有平时足够的练习，才会有超级演说大师的风采和自信。所以对我来说，练习永远都是不够的，因为练习是我成功的登顶石。

　　演说的练习不仅在平时的日子里，也在实际的演说台上。平常日子里的练习会让我们掌握一些演说技巧和技能，以便在今后的实际演说中运用。实战练习则是让我们学会熟练地运用这些演说技能和技巧，并且实战练习和平时练习同样重要。一方面学习，另一方面实践，两者缺一不可。

　　要想成为演说大师，我们必须在心里提醒自己：我们的练习总是差最后一次。如果我们抱着这样的想法，那么我们就会抓住一切可能的机会进行练习。针对演说的练习包括很多方面：演说中运用的语气语调、表情姿势、手势眼神，也包括提问和回答问题的技巧等内容。我们还需要经常模拟实战演说式场景来进行练习。这些练习尽量每天都要进行，而且每天都要抽出固定的时间来练习。切记，在任何情况下，都不要觉得自己不需要练习或者练习已经足够。

　　在预设的情景中练习可以提高我们的实战水平。把自己置身于某一个预设的情景中，让自己的心理也处于实战的状态下。这样的练习不仅可以减轻实际演说中紧张、不安、恐慌的情绪，而且能够让我们学会许多应付不良情绪的方法。

　　如果我们无法从一般的演说家成长为一名超级演说大师，那么练习

不够绝对是其中最主要的原因之一。时刻提醒自己：我对于演说的练习还
远远不够，我要继续认真地练习下去。不要让练习不够毁了我们的演说事
业，更不要让自负的情绪影响到我们前进的脚步。将演说练习进行到底，
我们才会赢得成功。

没有把练习当做比赛

要想在练习中提高我们的演说水平，就必须将日常练习和实战练习都当做一场演说比赛，当成对我们前一阶段练习的验收和考核。对于演说家来说，练习不应该只是练习而已，应该是一场要决出胜负的比赛。

如果我们只把练习当做普通的练习，那么，久而久之，练习就难免流于表面，流于形式，不能达到练习的真正目的。如此一来，我们只是在浪费精力和时间，而没有将练习真正的好处发挥出来。因此，对于我们来说，每次练习都要是一场有输有赢的比赛，而我们必须成为比赛中的冠军。这样做，我们才会在练习中不断提升自己的演说水平，熟练掌握各种演说技巧，并且将宝贵的时间和精力都花费在真正有用的练习中。

我会要求我的学员们把练习当做比赛，而且是那种要决出胜负输赢的比赛，而不是只把练习当做练习，那样的练习毫无意义。我对学员说："如果要成为演说大师，我们就不能为了练习而练习，我们要成为演说家里的NO.1，要成为每一场比赛的冠军。我们要把练习当做比赛，要有和所有对手PK的壮志雄心。"

我始终认为，必须把演说练习当做演说比赛来进行，否则就失去了演说练习的全部意义。我们必须有这样的心理准备：要把演说练习当成演说比赛来完成。我们会在比赛场上与对手PK，我们要成为比赛中的冠军。

所以，演说不成功，就是因为你没有把练习当成比赛。在练习中我们可以出现错误，我们有机会改正错误，所以我们会在练习时重复地犯着同一个错误。但比赛是不允许犯错误的。一旦在比赛中犯了错误，你就会失去竞争的机会，你就会成为比赛中的失败者。两者的最大区别是：把练习当练习，不会有进步；把练习当比赛，成功有保证。

由于我们心里非常清楚练习是不会影响到我们的演说效果的，所以我们会对练习感到倦怠，没有积极性。把练习当做比赛，情况就完全不同了。比赛就要有胜负输赢，我们每一个人都希望成为冠军，那么我们就要拿出所有的本领来与对手竞争。在这种情况下，我们的演说技巧和水平就会得到锻炼和提高，我们也会积累下许多宝贵的实战经验。

没有把练习当做比赛的演说家，一定会在某种程度上止步不前。而他们并不知道自己不再进步的原因，因为他们每天都在非常刻苦地练习。实际上，在演说练习中，我们会遇到这样的情况：在同一个地方犯同样的错误，不知道为什么就是无法改正。解决这个问题最终的办法就是给自己施加压力，虽然紧张的心情对于演说没有什么好处，但是没有压力的练习就等于在浪费时间和精力。如果我们在练习的过程中给自身施加一些类似于比赛中的压力，那么遇到的问题就会迎刃而解。

由此可见，没有把练习当做比赛是我们没有从一般的演说家成为一名超级演说大师的原因之一，也是我们无论怎么努力都在原地踏步的原因之一。要杜绝这种现象的发生，我们就要将每天的练习都当做比赛来完成，这样做的好处就是我们可以在完成了一场又一场的比赛中赢得自己的演说事业，也赢得演说中的自信心和自豪感，更赢得成为超级演说大师的机会。

演说技巧有待提高

　　对于以成为一名超级演说大师为目标的普通演说家来说，不断提升的演说技巧才是成功最坚实的基础和上升的阶梯。演说技巧不到位会直接影响我们演说事业的提升，也会让我们的演说水平停滞不前，更会让站在演说台上的我们感到举步维艰。

　　提高演说技巧就是要提高演说家自身的综合素质，其中包括演说中一切演说技巧的运用：如何设计互动、如何避免紧张、如何回答问题、如何开场和结尾，等等。这些演说技巧都必须通过一定的练习和一定演说场次的积累才会得到提高。而这其中最大的问题就是有些演说家不知道自己到底是哪一个演说技巧需要提高，也不知道如何提高。这样的演说家往往都是非常勤奋、刻苦、认真的，但他们的演说技巧就是无法达到一定的高度。他们总是面对着同样的问题而束手无策。

　　我认为演说技巧就是演说家综合素质的体现。要想提高自身的演说技巧，必须先清楚自己的不足，以便有的放矢地做练习，而不是今天盲目地练习这个演说技巧，明天又胡乱地去练习那个演说技巧。到头来，不但演说技巧没有得到有效的提高，反而把自己弄得疲惫不堪。

　　我的学员这样问过我："老师，我觉得我对演说的准备非常充分，也可以熟练地运用多种技巧，但我的演说效果就是不好，你说该怎么办呢？"

　　我反过来问他："你能告诉我你的哪一个演说技巧运用得最好吗？"

　　他愣住了，半天都回答不上来。我耐心地对他说："演说技巧的提高不是一朝一夕的事，更不是想当然的事。要想提高自身的演说技巧，就必须客观地看待自己在演说中的表现，明白哪些演说技巧是需要提高的，哪些演说技巧是需要巩固的。"

　　总而言之，演说技巧的提高要求我们必须有的放矢，不能盲目行事，更不要人云亦云。用对自身最有效的方法，针对自身的问题，这样做才会彻底搬走我们成功路上一块巨大的拦路石。

　　我们没有成为超级演说大师的原因之一就是演说的技巧有待提高，而提高演说技巧则需要我们对自身的客观认识。如果我们盲目而不理智地提高自己的演说技巧，那我们就会陷入到自己挖的陷阱里，甚至原本的优势也丧失殆尽。因此，我们要从客观而公正的立场上找到我们自身演说技巧的缺点所在，然后一步一个脚印地通过不间断的练习来提高它。这样做的最大好处就是我们不仅提高了需要提高的演说技巧，而且也在某种程度上巩固了自身原本的优势技巧。

　　由此可见，演说技巧的提高不是一蹴而就的事情，首先我们应该借助朋友、同事、合伙人甚至是听众的力量来充分分析自己在演说技巧上的缺点和优势。其次，我们要找到最急需提高的演说技巧，用科学的态度和方法来做练习，一步一步地提高它。然后，我们再提高下一个演说技巧，直到我们的演说技巧达到一定水平为止。在经过一段时间之后，我们需要继续提高演说技巧。也就是说，演说技巧不是提高一次就可以万事大吉了，而是要不断地更新和提高。

　　演说技巧无论是对于一般的演说家，还是对于超级演说大师，都是成功最重要的因素之一。我们要做的就是不断提升它、更新它，让演说技巧成为我们成长中的助力，也成为我们自信心的最好来源。我们不能因为演说技巧出现了问题，就停下前行的脚步。要知道，此时此地我们离成功只差一步，向前一步就能提高演说技巧，就会获得演说事业的成功。

不会问问题和互动

提问和回答问题是一个演说家的基本功，而让听众参与到自己的互动中来更是每一个演说家在每一场演说中都必须运用的演说技巧。如果我们不会问问题，也不知道如何才能让听众参与互动，那么我们就成了木头人，我们的听众也成了木头听众，整个演说现场的气氛就会变得枯燥乏味。

演说家的提问是要将自己的观点和理念变化一种形式传递给听众的，不会问问题就意味着我们无法传递演说的主题思想，那我们与听众的距离就会越来越远，甚至成了无法逾越的障碍。不知道如何让听众参与互动，就无法与听众进行现场的交流和沟通，那么我们的演说现场就真的变成了"你说你的演说，听众玩听众的手机"了。

著名的激励演说大师安东尼·罗宾把演说家拉近和听众的关系这一过程形容为破冰，他认为听众就是一层冰，演说家必须将这一层冰融化掉。为了让听众参与自己的互动，他不仅购买了一些设备，还让自己的妻子装扮成一只老虎，还找了一个魔术师来配合表演。为了这一幕，安东尼·罗宾花费了50万美元，他的目的就是要让全场的听众都参与到演说中来。

还有一次，安东尼·罗宾为了在最短的时间里破冰，脱掉了自己的裤子，全场的听众都看到他穿着一条弥勒佛一样的裤子，于是爆发出哄堂大笑。这样的笑声是听众对安东尼·罗宾的认同，也是愿意参与互动的表示。

既然听众是一层冰，那么演说家就要首先将冰融化。破冰还需要购买相关的工具，而乔·吉拉德购买的工具是一把梯子。八十多岁的乔·吉拉德把梯子立在演说台上，在没有任何保护的情况下开始爬梯子，每上一层梯子就说一句话，全场的听众无一例外地聚精会神听他说。他做了别人做不到事情，所以他也赢得了别人没有达到的成功。

这两位世界级的超级演说大师给我们树立了一个非常好的榜样。我经常对我的学员说："要融化听众这一层冰，我们必须付出最大的努力，做一些别人做不到的事情。只有这样，听众才会觉得来听你的演说是正确的选择，也就更愿意参与到你的互动中来，你提出的问题才会让他们积极主动地思考，然后及时地反馈给你答案。从表面上看来，不会问问题和互动是演说技巧有待提高，实际上则是演说家的诚意不够。"

问题都是人问出来的。第一次不会问那么就吸取经验，再问第二次，然后继续学习和练习下去。不会互动，那么就学习别的演说家是怎么和听众开展互动的。你不会创新，还不会照葫芦画瓢吗？在严格意义上说，这个世界上没有学不会的事情，不会只能说明你不认真、不负责、不热爱自己的工作，没有尽到最大的努力。

没有任何人是天生的演说大师，也没有任何人通过刻苦的练习和不懈的努力无法成为演说大师。当一个人说"不会"的时候，就是在为自己找借口、准备退路。我们在演说中之所以会提出问题，是因为我们平时有进行对人生和事业的思考。问题的精彩与否就取决于我们思考的宽度和广度，不会问问题是可以通过训练和思考来解决的，它不能成为我们止步不前的借口。

同样的道理，让听众参与互动也是一件非常容易的事情。只要你能够战胜内心的恐惧，变得自信从容，那么你就会赢得听众的接受和信任。如此一来，无论你需要听众参与怎样的互动，他们都会乐意至极。

没有设计好演说稿

演说稿对于演说来说是非常重要的，一场不成功的演说大多会在演说稿上出现这样或那样的问题。基本上包括几个环节：演说稿的信息量太大、我们的演说没有乐趣、语言没有力量、演说时间过长。这几个环节没有设计好，就会让演说的效果直线下降。如果我们的演说稿设计得出色而精彩，那么听众就会记住我们演说的主题和观点，并且愿意就这样的主题和观点与我们进行沟通和交流。

相反，如果我们没有设计好演说稿，那么在根本没有听懂我们的演说的基础上，我们与听众的所有交流和沟通的兴趣就会荡然无存，我们的问题也会无人响应，更不会有人愿意给我们提出问题，因为没有人听得懂你的演说要表达的中心思想是什么。

多年来的实际演说经验告诉了我一个道理：演说稿的设计是非常重要的。对于一场成功的演说来说，一定会有一份精彩而完美的演说稿做基础。即使我现在的演说大部分都是脱稿演说，但我也是"手里无稿，心中有稿"。

演说稿设计一：信息量不能过大。因为信息量太大，就意味着主题会有许多，也就是重点不够突出，让听众接受起来非常有难度。所以，在设定了演说的主题之后，演说稿就必须紧密地围绕着主题展开。这样让听众感觉到我的演说很有道理，也会在不知不觉中记住我的演说重点。

演说稿设计二：关于演说趣味的设计。无论我准备了多么丰富的资料，都不如我在演说中讲得生动有趣更能让听众接受。我会在演说稿中设计一些小趣味，这不仅能为主题服务，更能让听众在笑声和轻松中接受我的观点，记住我的演说。

演说稿设计三：语言要简短有力。在演说稿中，我尽量避免运用长句和长词句。因为听众在听我的演说的时候不会有字幕，所以有些长句子是非常难以理解的。我会在演说稿中提炼出一些短小、精悍、易懂的句子来说明我的观点和思想，这样做可以让听众一听就懂。

演说稿设计四：演说时间不要过长。无论演说有多么精彩，也无论听众多么喜欢，该结束的时候就要结束。所以，演说稿中的结尾设计不要拖沓，要在最精彩的地方收尾，在听众还意犹未尽的时候结束。这样做会加深听众对演说的印象和对演说者的好感。

要想演说成功就必须事先设计好演说稿，我们要做的就是我们必须自己来写演说稿，这样做是为了我们能更好地将演说稿的精华准确到位地传递给听众。这不但可以获得听众对于我们的认同和喜欢，而且可以进一步提升自己整体的演说水平和质量。

没有设计好演说稿会成为我们演说失败的重要原因之一，但是我们通过自己的努力是可以写出非常优秀的演说稿的。因此，我们只要认真地对待演说稿的设计，用心去了解演说的主题和听众的切身需求，我们的演说稿就会一次比一次完善，我们的演说也会一场比一场精彩。这其中最重要的是我们必须重视演说稿，不要认为演说稿是可有可无的，也不要认为演说稿写一份就可以一劳永逸了。演说稿是需要及时更新、不断完善的。我们每一个人都要做到"手里无稿，心中有稿"。

没有创造惊人的结果

　　演说的一切准备和过程，都是为了创造出一个令人难忘的结果。如果没有创造出一个惊人的结果，那么我们的演说就是失败的。如果演说家在公众演说中没有创造出惊人的结果，那么就意味着他没有将自己的观点成功地传达给听众，演说也就没有达到最理想的状态。

　　演说的本身就是要听众接受你的观点，使得他们今后按照你的思维方式来思考问题。我们的听众在演说过程中会暂时被演说吸引，但是他们的思想却没有发生丝毫的改变。实际上，听众绝对不会因为喜欢我们的演说就按照我们的思维方式生活，只有我们的演说真正触及到他们的内心世界，他们才会接受我们演说中的所有内容，这才是我们想要的惊人结果。而没有创造出惊人结果的原因就是我们没有将我们所要传达的思想理念与听众的真实生活联系在一起。

　　为了创造惊人的结果，我会在演说前做好准备，我会在演说的进程中步步为营，一点一点地将我的观点传递给现场听众，然后再从现场听众的反应中做出相应的调整。我会将我的观点包装一下，让现场听众被我的观点所打动，比如我会使用一些非常有说服力并且关系到现场听众感情的词语：财富、健康、增值，摆脱痛苦、受人欢迎、赢得荣誉，满足欲望、抓住机会、出人头地，等等。

这些词语所表达的意思是每一位现场听众都明白的，这些词语所说的意境也是每一位现场听众都向往的。所以，我可以不断地将他们分散的注意力吸引过来。更重要的是，我可以打动他们的内心，将我的观点直接印在他们的头脑中。

听过我的演说之后，听众就会在生活和工作中不知不觉地想起来演说中的某一个片段或者某一句话，这样就会促使他们不断地思考我所提出的问题。逐渐地，他们的思维方式就会向我靠拢。这就是我所认为的最惊人的演说结果。

要想创造出惊人的演说结果，我们必须用心琢磨听众的心理需求，并直面听众的问题和困惑。之所以说没有惊人的演说结果就是失败的演说，是因为没有结果的演说就是没有影响力的演说。听众在听过我们的演说之后，只是觉得好，但是好在哪里呢？不知道。而我们的演说对于他们的生活和人生既没有起到改善的作用，也没有给出建设性的意见。如此的演说，从任何一个角度上看都不能够说是成功的。

我们的演说必须真正地满足听众的需求，才可能获得最佳的结果。演说不是一个人的独角戏，不是你一个人感觉好就行。不但要听众说好，而且要听众能够记住你说的话以及你的理论和观点。不管在演说现场，听众是否同意我们的理论和观点，他们都会在工作和学习中不断地想起并思考我们的理论和观点，从而来改善他们的人生，改进他们的生活态度。如果一场演说能达到如此的结果，任何人都必须承认这个结果是惊人的。

由此可见，没有创造惊人结果的演说是失败的，作为演说家的我们也是失败的。当然，这种失败是可以避免的，我们只需要参透听众真实的心理需求，并且满足这样的心理需求，将我们所传递的理论和观点与听众的实际生活和情感紧密联系起来，我们就可以创造出不止一次的惊人的演说结果，并且逐步成长为一位超级演说大师。

没有达到巅峰状态

一场演说的成败与演说家的状态息息相关，而保持一个非常完美的巅峰状态是每一个演说家在每一场公众演说中都必须做到的。如果一个演说家站在演说台上无精打采地弯着腰，声音里充满了疲惫，眼神无光，也没有任何感情色彩，那么听众看到的就是一个被生活磨灭了所有激情的演说机器。我们可以试想一下，对着一部毫无激情可言的机器，我们怎么会相信他说的话以及认同他所传递的观点和力量呢？

或者，我们保持了一种相对完美的演说状态，但是因为种种原因没有达到巅峰状态。那么，对于听众来说，我们只是一个非常普通的演说家，而不是一位可以让他们心服口服、全心全意去相信和认同的演说大师。这样的演说家也不会成就一场精彩而成功的演说。

我在演说中总是可以保持一种巅峰状态，因为我有过人的身体素质和心理素质，这是我最与众不同的地方。通过多年的演说经历，我深刻地体会到演说家的巅峰状态对于一场演说的成功是多么的重要，甚至可以说是演说成功与否的决定性因素。

我的巅峰状态是一种身心灵相结合的最佳状态。在演说的过程中，我会用我的自信去面对听众并解决那些看起来很难的问题，我还会妙语连珠，巧妙地处理演说中各种意外情况。

现场听众也会随着我享受一场视觉、听觉和思想上的盛宴。站在属于我的演说台上，我就是整场演说的主导。我不仅能把握每一个演说细节，还会让我的演说无懈可击。而这一切都必须是我处于巅峰状态的时候才能达到的演说效果。

当我们感觉到自己的状态不在巅峰的时候，我们可以运用一些手段和方法来提升自己的状态，比如运动、旅游、做一些自己喜欢的事情，等等。作为一名职业演说家，我们不能允许自己在状态欠佳的时候站在演说台上，站在上千听众的面前，那是在毁掉我们自己辛辛苦苦打造的品牌。

演说家没有达到巅峰状态绝对是演说失败的重大原因之一，更是我们无法成为一名超级演说大师的重要障碍。所以，作为一名有理想、有追求的演说家，我们必须时刻将自己的状态调整到巅峰，并且想尽办法保持在巅峰状态。这样做不仅是为了一场演说的成功，更是为了我们未来的影响力和公信度，为了我们最终能成为一名超级演说大师。

一个普通的演说家要成为一名超级演说大师的道路绝对不可能是一马平川的，其中会有许多这样或那样的阻碍和困难，而最大的障碍就是来自于我们自身的惰性和自满。当我们距离成功只有一步之遥的时候，我们会为自己无法进步而苦恼，但是当我们冷静而客观地看到自身问题的时候，我们会发现实际上构成障碍的一切原因都是可以克服的。如果练习不够，我们可以做更多的练习；如果技巧不足，我们可以提高技巧；如果演说稿不对，我们可以自己设计、自己写；如果状态不对，我们可以及时地调整。

没有一种障碍是无法跨越的，没有一种困难是无法克服的。我们需要做的只是拿出所有的耐心、勇气、勤奋和勇往直前的精神，在成为一名超级演说大师的道路上搬走所有的障碍，为自己的成功铺设一条康庄大道。我们不服输、不认输，因为我们相信自己的未来，更相信自己的能力；我们不抛弃、不放弃，因为我们相信我们传递的观点和理论是可以改善人们的生活的，我们推广的思维方式是可以改变人们的命运的，我们可以帮助更多的人走向成功，从而成就卓越的一生。

演说大师就是学习大师
——演说没有终点，学习力决定演说力

第十一章

一个优秀而成功的演说家就是一个能不断吸收新知识，并且不断更新自己的人。因为演说对于我们来说没有最好，只有更好。我们在不断向世界级的超级演说大师学习的同时，也应向身边的人们学习。学习能力就是演说能力，更是演说成功不可缺少的动力和基石。所以，演说就是要不断地学习，学习使我们的演说更加完美。

成为自己的演说教练员

演说家在面对繁忙的工作和演说任务的时候，往往会忽略自我更新和教练。实际上，越是成熟的演说家，越需要自我教练。因为在从事演说事业的过程中，我们会在不自觉中程式化许多事情。久而久之，我们的演说就会一成不变。如果没有变化，我们就会被淘汰。所以，优秀而成熟的演说家都是自己的演说教练员。

要想成为一名超级演说大师，我们就必须给自己做教练员，这是一条非常有效的途径。优秀不是一朝一夕的事情，而是一个慢慢累积的过程。在这个过程中，学习能力就显得尤为重要。我们可以从自己的演说中吸取经验，也可以从别人演说中得到启示，将自己的缺点变为优势，并且学习别人的优势。如此学习，我们才会成为自己的教练员，成为自我成长的最大助力。

做自己的教练员最大的好处就是我们可以随时开始训练，及时发现自我需要改进的地方，并及时纠正自身的错误。比如，我会从他人给予我的信息中提炼对我有用的事情，然后客观冷静地看到自己的表现。不但要看自己的缺点，也要总结自己的优势。这样做，我才能从第三方的角度来客观地训练自己。在对自己进行自我教练时，我会时刻提醒自己不要心急，一次只解决自身的一个问题，并且是将这个问题彻底解决之后再去解决下一个问题。

我会在一段时间的自我教练之后进行一次自我练习的评估，客观地评价一下自己在最近几场演说中的表现，哪里不好、哪里好、哪里特别好；也会评价一下自己这一段时间中的练习，哪些练习完成了、哪些练习还不理想，最后再将这些自我评价都记录在册。

在自我教练的过程中，客观而冷静的自我评价是我进步的一个过程，使我对自己有更大的期待，更是在总结自我教练的成果。因此，自我评价需要每隔一段时间就进行一次，以便我们可以从比较中获得更扎实的进步。

演说家站在演说台上的时候，就是我们全身心投入到工作中的时候。但是再成熟、再优秀的演说家都会犯错误，也会有缺点和不足。那么，我们应该如何让自身的缺点和不足越来越少，建立起属于我们自己的优势呢？最简单有效的办法就是成为自己的演说教练员，随时更新自我，随时将自我置身于教练员的训练中，让演说台无所不在，而我们时刻都在演说，都在进步。

实际上，自己来做自己的教练员并不是自我封闭。相反，只有更了解自己，我们才可以做到有的放矢，用更加开放的态度和心胸来面对不同的知识和信息。如此教练不就是为我们量身定做的吗？

成为自己的教练员，还可以让我们保持一种中立的、理智的、客观的态度，凡事都能从第三方的角度上获得不一样的看法和信息。如此一来，我们可以更加清楚而完整地看到自我。当我们开口演说的时候，我们就能抛开原本那个胆怯而不知所措的自我，成为演说台上的一个真正的演说家、一个真正的勇者。我们是自己的演说教练员，所以我们会在自我教练中不断地成长，最终成长为一名超级演说大师。

虚心求教，听取他人的批评和建议

我们是演说家，但是我们并不完美，而且我们也不是事事精通，所以我们必须向身边所有的人虚心求教。哪怕这个人的学历、家世等各个方面都不如我们，我们也要从他的身上找出他的长处，然后求教于他。或许我们现在的演说事业非常成功，耳边的批评声越来越少，我们似乎也不需要他人的建议。但是，只要我们身上还有缺点的存在，我们就需他人的批评和建议。

因此，放下所谓的成功者身段，用一颗平常心去向他人求教，并且耐心而真诚地听取他人的批评和建议。这样做才是我们进步的途径，我们也才会成为自己希望成为的人。

我在每一场的演说之后不是要问我的听众、朋友、同事我讲得有多好，而是希望他们能够告诉我我讲得哪些地方还可以更好。我清楚地明白，要想在演说行业中走得更长远，就必须不断提高自己的演说水平。接受他人的批评和建议，就是提高自身演说水平最有效也是最快捷的方法。

演说是一门综合的艺术，需要我成为一个杂家。所以，在日常的生活中，只要我看到可以帮助我演说的人和事情，我都会追着人家把技能教给我。这些技能表面上看起来与演说的关系不大，但是在实际运用中却帮了我很大的忙。比如让演员教我在舞台上如何收放自如地说话，收集一些生活中的真人真事并把它们编成故事，等等。

实际上，只有我虚心地承认自身的不足，我才能够学习到更多的知识和技能，才能够从他人的批评和建议中获得更好的进步，从而不断地完善我的演说。

现实生活中，我们要有一双善于观察和发现的眼睛，更要有一种平常而谦虚的心态。虚心向所有的人请教我们不知道或者不甚了解的事情，并且从他人的建议中获得更好的进步。最重要的一点是当我们受到他人的批评的时候，我们不可以急着与人争辩甚至出言不逊。批评的话也许并不好听，但别人说的可能正是我们自己无法察觉的缺点。别人批评你就是在帮助你，我们不应该反感，反而应该感谢他们。

站在演说台上，我们表现得越优秀，听到的批评声就越少，得到的建议也会越少，但这并不代表我们没有缺点，也不代表演说无懈可击，更不代表不需要他人的批评和建议了。如果用一种傲慢无礼的态度对待他人，那么不但没有人会对演说提出批评和建议，而且也不会有人愿意给予批评和建议。久而久之，我们就会被无形地孤立起来，不知道自己的演说到底是好还是不好，就会迷失方向，失去目标。

虚心地接受批评是成长的关键，只有接受他人的批评和建议，我们才会更加清楚自身的缺点和不足。无论我们多么聪明，拥有多少智慧，我们在用自己的眼睛看自己时都会带有很强的主观色彩。所以，我们要经常问自己："在他人的眼中，我是个什么样子？"带着这样的疑问，我们会在未来的路上学习到更多的知识和技能，也能够交到更多志同道合的朋友。最重要的是，我们会获得更有价值的批评和更有建设性的建议。

自我反省，鼓励自己不断成长

　　每一个演说家都应该养成这样的个人习惯：在每一场演说结束之后都要看一看演说的录像，并进行自我检查和自我反省。这样做的目的就是要督促自己不要停下脚步，不要骄傲自满，在成为超级演说大师的道路上不知疲倦地奔跑。

　　如果我们对自己的一切行为都非常满意，也不作自我检查和自我反省，那么站在演说台的我们就会盲目地骄傲自大。原本非常精彩的演说也会变成你一个人的大秀场，而听众也会由我们的交流沟通者变成单纯的聆听者。这样的演说是无聊而无趣的，你不仅砸了自己的品牌，也停止了自我成长。

　　我会在每一场演说结束后进行一番冷静而客观的自我评价，然后我会反省自我的表现，找到演说受欢迎和不受欢迎的原因。当然，自我反省并不能等同于自我批评，我在自我反省中不仅要找到自身的缺点和不足，也要肯定自己的优势和长处。如此一来，我就通过自我反省的方式建立起一套相对完整的自我成长体系，起到鼓舞和激励自我的作用。

　　要想让自我反省发挥鼓舞和激励我前进的作用，就要建立起强大的内心世界，接受自己的缺点和不足，直面困难和问题。在每次的自我反省之后，我都会找到一些需要改进的地方，然后尽我所能地去改善演说中不足的地方。也许有些糟糕的情况不可能一下子好转，这个时候我会劝自己静下心来。只要我在进步，那么一切都会变好的。

我的自我反省不是自我批斗，我不会将自己评价得一文不值，只看缺点而忽略优点。我要客观地观察自我，得到确切的优势和不足，为更好地发展演说事业而作好一切相关准备。

自我反省归根到底是为了更好地向前发展，也是为了鼓舞和激励自身不断地成长，更是为了达成内心中的终极目标。所以，不要对自己过于严厉，在承认自身的不足的同时也要肯定自己的进步和优势。这样，才会在每一个自我反省的过程中得到继续前进和成长的动力。

演说对于每一个演说家来说都是一种可以终生为之奋斗的事业。正因为如此，我们才需要养成自我反省的习惯。在自我反省中，获得更多对演说事业有利的因素，也排除那些不利的事物，让我们一点一点地进步，从一个不知道演说为何物的新手成长为一名优秀而成熟的演说家，进而成长为一名超级演说大师。这是一条光明大路，却不是一条平坦的路。所以，作为一名演说家的我们就必须学会自我鼓舞和激励，不断地坚定自己的信念，成为越来越完美的演说家。

实际上，从听众的角度上看，演说家也会有许多完全不同的看法和意见。我们既能从几乎完全相左的意见中获得对于完善我们演说有利的信息，也能从另一个角度证明自我反省的重要性。要想成为一名受欢迎的演说家，对待自身的态度就必须做到端正而客观，不骄傲自大，也不妄自菲薄，公正地对待自己才能获得更多的尊重。总而言之，我们进行自我反省的最终目的，就是要找到鼓舞和激励自我的原因，起到对成长继续推进的作用。

自我反省就是自我学习的一种方式，而进行自我鼓励则是我们在成长过程中必不可少的动力源泉。

分享心得，成就自我的独特风格

　　演说是一个传递思想和分享心得的过程。所以，作为职业演说家的我们只有将自己对生活、事业、创业、财富等的心得充分地分享给听众的时候，才能够成就自我独特的演说风格。演说家最大的忌讳就是没有属于自己的演说风格，如果我们的演说没有任何个人风格，那么我们的演说就会淹没在众多的演说当中，并且会被听众以最快的速度忘记，留不下影响和痕迹。

　　要想通过分享心得来获得听众的认同感，就要首先参透听众的心理需求。演说家站在演说台上之前都要进行一番非常周密详细的准备，而在这些准备当中最重要的，不仅是我们要讲什么，也要明白听众想从我们的演说中听到什么。如果我们分享的自我心得正是听众想要听到的，那么我们的心得就会成为演说家和听众之间的媒介，成为彼此了解和接受的开始。

　　我最喜欢与听众分享的心得就是我的成长经历，如我是如何从一个调皮捣蛋的孩子成长为一名合格的特种兵，进而成为一名特种兵演说家的。我会将我在成长中遇到的困难、问题、挫折和迷茫等都讲给我的听众，以此来引起听众的心理共鸣，并且让他们看到我的与众不同之处。

演说风格的形成与每一个演说家独特的成长经历都有着不可分割的关系，独特的演说风格就是来自个人独特的成长经历以及独特的心理感受。而我在演说中要做的事情只是将这些独特之处都讲出来，分享给我的听众们，这样做就在无形中帮助我形成了自我的独特演说风格。

毋庸置疑，演说风格是一场演说的个性标签，更是留给听众印象最深的部分。因为每一个人都会对与众不同的事物和人物产生兴趣，从而认真观察，进而了解并接受。听众在这个过程中会不知不觉地跟着我的演说节奏走，跟着我的喜怒哀乐去感受生活和人生。我则会通过分享心得来掌控全场的听众需求，进行一场心得和观点的交流沟通。

在演说中分享我们对生活的独特心得，正是我们成就自身独特的演说风格最有效也是最快捷的方法。当我们形成了一种只属于自己的演说风格之后，我们就会从众多的演说家中脱颖而出，让听众记住我们，记住我们的演说所传递的思想和观点。这才是一个演说家真正的成长和成熟。

我们在每一场演说之前都要将分享的心得提炼出来，以便适用于这一场演说听众的心理需求。如果我们在演说中分享的心得并不是这一场听众想听到的，那么我们的分享就很容易变成一场忆苦思甜的大会。这样的演说只会让听众觉得痛苦，而且越快结束越好。当然，这样的演说也不会让听众记在心里，恐怕在他们没有离开会场之前就已经忘记了。

心得分享成就我们的演说风格，而且是成就我们独一无二的演说风格。如此一来，我们就会在满足现场听众全部需求的同时让自己被听众记住，并且成为听众眼中一道独特的风景线。这是作为职业演说家的我们对事业的追求，也是我们最独特的个人魅力和影响力。只要听过我们演说的听众，就会将我们记在心里，这是对我们辛苦演说最好的回报和褒奖。

完善技巧，让演说能力不断提升

对于演说家来说，演说技巧是我们赖以生存的武器。所以，完善我们的演说技巧就成了非常重要的一项工作，演说技巧的完善也会让我们的演说能力以及演说所造成的影响力不断地提升和扩大。完全掌握和熟练地运用演说技巧是演说家的首要任务，也是我们演说事业上升的阶梯。简单地说，我们的演说技巧的高低是与演说能力的高低成正比的。

演说中所运用的技巧是在不断地更新换代的。如果我们对自己的演说感到心满意足，觉得我们的演说技巧已经足够用了，那么我们就将面临演说事业的下滑以及听众对我们演说的不满意。所以，我们要在不断的学习和练习中完善和更新自身的演说技巧。实际上，我们可以从许多同行那里学到自己不会的演说技巧。只要我们处处留心，就会学习到很多的新技巧。

我从事演说事业已经许多年了，讲过许多场演说，还从事演说技巧的教学工作。我的演说训练营到今天为止可以说已经初具规模，我的学员也已经遍及各个行业。因此，我对演说技巧有一些了解和研究。

我发现一些演说中的关键技巧是在不断翻新中的，就算我们掌握了最完美的演说技巧，也还是有完善和上升的空间的。

俗语说："山外有山，人外有人。"我们所掌握的演说技巧也许在我们的圈子中已经很完美了，但是当我们走出去的时候就会发现其他演说家所运用的演说技巧比我们的要好得多。因此，提升演说能力的关键点就是不断地发现新的演说技巧，并不断地完善自己的演说技巧。

我在从事的演说教学工作中得到一些心得，演说技巧的完善永远没有封顶的时候，而且有一些演说技巧很容易运用不当。这样的情况不仅会发生在演说新手的身上，一些有经验的演说家也不能幸免。

由此可见，完善演说技巧是演说家一项非常重要的任务，也是一项不可间断的任务。如果我们在演说中能从容地运用演说技巧，那我们的演说就会是成功的，这也是我们演说能力的一项充分的证明。

要想将演说技巧进一步完善，就要先找到自己的缺点和不足，然后再有针对性地进行练习和补充。切记，永远都不要给自己封顶，不要觉得自己已经很好了，不用再进步了。要想成为最好的演说家，就必须给自己预留一个上升的空间。只有找到自身演说技巧的不足，我们才会虚心求教，向同行学习，向前辈学习，向自我学习，从而完善演说技巧，提高演说能力。

我们熟练地掌握了许多演说技巧，也能在演说中准确地运用，这些对于一个以成为超级演说大师为事业目标的演说家来说是远远不够的。演说能力的高低不仅是决定一场演说的成功和失败的主要因素之一，更是决定我们的演说事业成败的关键。而演说能力的高低又取决于我们的演说技巧。

由此可见，学习新的演说技巧，完善已经掌握的演说技巧是演说家日常工作中的重中之重。通过完善我们的演说技巧来提高我们的演说能力，这是我们要努力的方向和目标，并且给自己留有进步的余地，也是我们成就自我演说事业的最好途径。对于演说家来说，没有最好，只有更好。

终生学习，演说者的学习没有终点

我们的目标是成为超级演说大师，帮助更多有需要的人，用我们的思想和观点改变更多人的思维方式，改善他们的生活，并成就他们的事业。要想实现我们的梦想，最好、最有效的方法就是学习，不断地学习，终生学习。演说者的学习是没有终点的。我们一路走来，始终与学习相伴，用学习成就卓越。

成功是一个不断积累的过程。在这个过程中，我们能做的就是一边学习，一边进步。如果我们是急功近利的演说者，那么也许我们会收到一部分的短期效益。我们会依靠模仿演说大师们的课程创造一定的财富，拥有一定的影响力。但是，没有自己的风格和主题，没有自己的思想和观点，没有自己的独特性的演说者，很快就会被淘汰出局，而那些所谓的演说也会很快被听众遗忘得干干净净。

因此，演说者必须学习，也只有学习才可以成就我们的梦想，让我们真正地站在完全属于自己的演说台上。

当我站在演说台上开口说话的时候，我非常清醒而理智地知道自己是谁、我正在说什么、我要传递的思想和观点是什么以及我要如何达到我的演说目标。这一切都不是一蹴而就的，更不是讲了几场演说就能达到的。这一切都需要长期实战经验的积累以及学习、学习、再学习所获得的有效成绩。

实际上，我从学习中获得许多我所不知道的知识，认识了许多世界级的演说大师。与其说他们教会了我许多事情，不如说他们为我打开了一扇人生的大门。演说者的学习是永无止境的，每一场自己演说以及每一场同行和前辈的演说，包括生活中的点点滴滴都是值得我们去学习的。

演说者要用一种完全开放的态度和宽广的心胸来向所有的人学习，向天地学习，向大自然学习。只有我们抱着一颗学习的心，生活处处才是我们的课堂。

演说者要想学会出色的演说技巧，拥有傲人的演说能力和影响力，必须放下所谓的成功者的身段，放一颗平常心在我们的演说事业中。我们要认清楚我们的缺点和优势，并且从我们不断的学习中让缺点减少，让优势更加巩固，从而建立起属于自己的优势体系。学习，对于演说者来说是通向演说事业巅峰非常关键的一个环节。

终生学习能够成就演说者的梦想。演说者的学习没有终点，我们一直在通往演说大师的路上，我们用学习铺就脚下的道路，我们用学习克服一切困难和问题，我们用学习成就自己的演说之梦。因此，学习就是演说者最终的也是最有力的武器。牢牢地掌握住学习这个武器，我们就可以百战百胜，无往而不胜。

所以，演说者要在成就事业的时候学习许多知识和思想，为自己储备下足够的演说技能和影响力。如此一来，我们就可以底气十足地站在属于我们的演说台上说我们想说的话，传递我们的思想和智慧，用我们自身的能力成为一代超级演说大师。

演说者是不可以停下学习的脚步的，一旦不再学习，就意味着已经落后。我们要养成一个习惯：在每天要结束的时候，静下心来问自己一个问题，"我今天学习了吗？我今天学到了什么？"这样的习惯不仅会让我们不虚度每天的光阴，也会使我们养成学习的习惯。终生学习，才能成为最优秀的超级演说大师。

人人都是演说大师
——时刻准备，登上
人生的演说台

第十二章

站在人生的演说台上，每一个人都有可能成为自己的演说大师。因为在人生的演说台上，没有演说家和听众的区别，也没有普通人和演说大师的区别。我们要做的就是时刻准备着，登上人生的演说台，成为自己思想的传播者。我们不但要成为出色的演说者，而且要在生活的大舞台上，发出自己的声音。

每个人都可以成为出色的演说者

当我们还是一名坐在演说台下的听众的时候，我们不会想到有一天自己会成为演说台上的主角，成为一名出色的演说者。在我们没有接触演说的时候，演说对于我们来说是一件非常神秘也非常遥远的事情，我们会觉得演说与我们的生活、事业完全没有任何交点。但是，当了解一些演说课程、听过一些演说大师的演说之后，我们会逐渐发现演说其实与我们的生活和事业有着某种神秘的联系，几乎可以说是演说为我们打开了一扇通往成功的大门。

那么，我们会不会成为出色的演说者呢？答案是肯定的。只要我们虚心学习，只要我们充满自信，我们就会成为一名出色的演说者，征服我们的听众，成就我们的演说事业，赢得属于我们自己的演说台。

我不是一个很聪明的人。我的小学读了九年，初中读了五年，结果还是没有考上高中。虽然参军之后，我成了一名合格的特种兵，但是我从来也没有想过要将演说当做自己的终身职业。我觉得站在演说台上的演说大师都十分博学多才、与众不同，我可能一辈子都学不会演说。

当我第一次站上属于我的演说台的时候，我的心情非常兴奋，没想到我一个性格懦弱、胆怯、连普通话都说不好的人也能成为一名演说者，让所有的听众都安安静静地听我说。我掌握了全场，我主导着几千人的情绪和思维。这对于此前的我来说，是一件非常不可思议的事。既然我可以做到，那么你们每一个人都能够做到。

我会在我的演说课程上对我的学员说："没有天生的演说家，我们都是经过后天的努力和训练才成为演说家的，每个人都可以成为出色的演说者。"

无论我们有什么样的学历和家世，有没有事业和财富，只要我们的心中充满热情，有传递自己的思想和观点的欲望，有帮助他人的渴望，就可以成为演说者，成为比你希望的还要优秀的演说家。每一个人都有属于自己的独特之处，这些与众不同的地方就是我们成为演说家的基本条件，更是我们形成自己独特演说风格的有力条件。不要说"我不是那块料"或"我没有天赋"，只有你有激情，有自信，你就可以加入到演说的行业中来。

演说的能力和技巧并不是与生俱来的，也不是无法学习的。所有的差别也不过是有些人的接受能力比较强，那么他们就会学习得相对顺利一些；有些人的接受能力稍微弱一些，那么他们学习演说的时候就会比较慢一些。但是，在成为一名优秀演说家的学习过程中，快不一定是好事，慢也不见得是坏事。虽然成为演说者绝对不是一件非常容易的事情，但是我们可以用自身的好学、虚心和聪明才智来克服所有的难题和困难。

虽然如此，我们在成为演说者的过程中千万不要认为凭借一些小聪明就可以顺利地过关，这样做只会让你得不偿失。实际上，就算是非常有经验的演说家站在演说台上面对台下成千上万的听众时，心里也会难免出现一些紧张的情绪。不过，也不要将困难扩大化，所有的问题都可以通过我们的学习和努力得到解决，我们每一个人都有可能成为出色的演说者。

在生活大舞台上，要发出自己的声音

我们生活在这个时代里，应该感到幸运。因为这个时代给了我们无数的可能性，也给了我们表现自我的舞台。那么，我们要如何利用生活给予我们的舞台呢？我们要如何站在属于自己的舞台上精彩生活呢？答案就是要发出完全自我的声音以及传递完全自我的思想和观点。

我从事演说事业到现在，曾讲过许多场的演说，也听过许多场演说。对我来说，听众给予的最大褒奖就是说："我记得王老师说过……"、"我受到王老师的影响……"等这样的话。这些话可以从我的听众口中说出来，就充分地证明了我已经形成了自己的演说风格，我的声音不仅被他人听到，也得到了回应和认同。

当我站在演说台上的时候，我是一名充满自信而且认为自己具有较强影响力的演说家。那么，当我站在生活的舞台上的时候，我的声音会不会被他人接受呢？虽然我不知道问题的答案，但是我确信一点：如果我不说话，你就永远都不会听到我的声音。因此，生活的舞台就是我的演说台，我要发出自己的声音，不仅要让更多的人听到，而且要得到大多数人的认同和回应。

如此一来，我在生活的舞台上就不是一个人在努力奋斗，而是会有更多与我理想一致、志同道合的朋友、同事、合伙人为了我们一样的梦想而努力，为了我们一致的事业而奋斗。站在生活的大舞台上，找到自己的梦想并为之奋斗终生。

生活给了每个人相等的机会，也给了每个人同等的平台，更给了每个人一个大舞台。有些人站在舞台的角落里自怨自艾，抱怨生活没有给他成功；有些人站在舞台的中央默默无言，抱怨生活没有给他财富；而我们只是站在属于自己的舞台上告诉所有的人我们要成功，我们要财富，我们会为了理想和事业前进、前进、再前进。

站在生活给予我们的舞台上，大声地说出我们的理想，说出我们的思想和理念，说出我们愿意去帮助所有的人，说出我们从不放弃的信念。我们知道这一切或许并不是手到擒来的，但是我们愿意为之而努力，为之而付出。所以，登上我们人生的舞台告诉生活："我们来了。"

生活就是我们的大舞台，也是我们的演说台。我们要在这个舞台上发出自己的声音，不但要让自己听见，而且要让全世界的人都听到我们的思想，让我们用演说改变我们的生活，进而改变这个世界。

掌握演说技巧，让演说推动事业发展

在我们对演说还没有充分认识的时候，我们不会相信演说会对我们的事业有什么帮助。当我们充分认识演说的时候，我们就会知道演说对于我们的事业起着决定性的作用。而在这其中最重要的一环，就是要熟练地掌握演说技巧，建立起属于自己的优势体系。

每一个人都有独一无二的地方，我们的面容、穿着、习惯都是与众不同的。简单地说，我们每一个人的表达方式和思维方式都是完全自我的。因此，就算我们掌握的演说技巧完全一样，但对于演说技巧的运用和演说技巧的表达都是非常个人化的，也是演说风格的组成部分。正因为演说的独特性，才会有个人化的表达方式和智慧光彩，而这些都是推动事业不断前进的强劲动力。

对于演说能够帮助事业成功这件事情，我的感受是非常深刻的。不只我一个人的事业是由演说推向成功的，中国的许多企业家也是通过演说让世界认识了自己，从而使得他们的事业更上一层楼，比如马云、俞敏洪、王健林，等等。

国际上的企业家和政治家更是视演说为事业成功的一个决定因素。他们几乎人人都是演说大师，比如比尔·盖茨、史蒂夫·乔布斯，等等。

他们都是生活中的强者、事业上的勇者、我们学习的榜样，而他们的成功有很大一部分是来自于演说对于他们事业的推动，也是来自于他们对演说技巧的个人化表达以及独特的演说风格。

掌握演说技巧的关键在于认识自己的优势并且将优势发扬光大。如果你已经是一名优秀的演说家，那么不妨将你的演说事业精益求精，将你的演说技巧好上加好。大多数情况下，演说者对于演说技巧的掌握都不是一成不变的。对于演说技巧而言，我们不应死读书、读死书，而是应该因地制宜、因时制宜、因人制宜、活学活用。

从另一个角度看，无论我们从事的是什么样的职业，演说都会帮助到我们。当我们在领导面前秀出好口才的时候，当我们在企业中即兴演说的时候，当我们在谈判桌上赢得对手的尊重和企业的利润的时候，我们所掌握的演说技巧给予我们出人头地的机会，并且帮助我们一步一步地到达事业的巅峰。

因此，掌握演说技巧就是掌握了推进我们演说事业的决定性因素，而演说为我们的事业创造出数不清的成功机会和财富，让我们在事业有成的基础上成为一名让他人相信、为社会做出贡献并有利于社会的超级演说大师。实际上，这才是我们每一个演说家的追求和最高的事业目标。我们是为社会和人民服务的，我们要让所有人的生活变得更加美好，也要让他们的事业更加成功，并且为社会、为我们自己创造出更多的财富和智慧。

快乐演说，快速提升公众影响力

我们在进行每一场演说、掌握每一个演说技巧的时候，我们的自信心就会随着增加一些。当我们站在演说台上的时候，我们说得越多，自信就会越多，而我们的语言表达能力就会越强。这个时候，我们会更加敢于表达自己的思想和理念，并且在老板、客户和同事的面前将自己的观点和看法淋漓尽致地说出来。能够充分表达思想和观点的我们就是快乐的，我们的演说也是快乐的演说。

要想提升我们的公众影响力，我们可以在演说中尝试一些新鲜事物。没有比新鲜事物更能让听众和演说家感到愉快的了。我们向着新的方向迈进一步，我们的公众影响力就会提升一步。我们要抓住每一次演说的机会向听众传播快乐，让他们在轻松愉快的氛围中看到生活和事业的另一种可能性，满足他们的心理需求。

我在从事演说事业的第一天，就决定要做一个"快乐的演说家"。我不仅说服我的听众认真地听我说，还吸引他们的注意力，让他们和我进行无障碍的思想沟通和心灵互动。我更希望自己能够成为一名传播快乐的演说家，把希望和快乐一起传递给所有的听众。

我在演说的时候会说一些轻松的笑话，并且让听众的情绪尽量地放松下来，再运用一些互动的小游戏来拉近彼此的距离，使我与听众的相处找到一种老友重逢似的感觉。我还会采取一些柔和、婉转的语言以及轻松的语气，笑着面对我的听众，让他们感受到我的好心情。

如此一来，我的演说现场就变成了一个巨大的欢乐海洋。我知道要想让我的演说充满乐趣，我首先就要成为一个懂得生活情趣与快乐的人。我在日常的工作和生活中，都会让自己保持愉快的心情，并且接受不同的新鲜事物。这样做就可以让最平常的闲谈都变成练习演说的一部分。

快乐会让人在轻松的气氛中接受不同的观点。所以，快乐演说也就成为提升公众影响力最快、最好的方式。每一个演说家都渴望听众能认同自己，并且将我们的观点在生活中实践，而快乐就是这一切的催化剂。有了轻松愉快的心情，听众对于我们的接受程度就会变得轻而易举。

实际上，快乐是每个人都需要的情绪，也是演说家提高公众影响力的重要途径之一。我们很容易记住一个让我们感到快乐的演说家，而不是记住一个让我们感到沉闷的演说家。作为一名优秀的演说家，提升在听众当中的影响力是我们的头等大事，而学会快乐演说则是实现我们理想的最好方法。

演说是一生的事业，需要坚持不懈

毋庸置疑，在成为一名世界级的超级演说大师的道路上绝对不是一帆风顺的，其中的酸甜苦辣也只有我们从事演说的人才会充分体会得到。我们不会用一些小聪明去完成演说，也不会用一些不正确、不健康的、投机取巧的方法来提升我们的公众影响力。我们会将演说作为一生的事业，绝对不会半途而废。

对于演说事业的坚持和追求，需要我们有强大的内心力量和强烈的个人魅力，而这些正是支撑我们坚持演说事业、坚持自己理想的全部力量。做强大的自己，将自己的梦想融入到日常的刻苦练习和虚心学习当中，全身心地投入，不给自己留下任何一条后路。我们从事演说事业的人就是要一条路跑到黑，绝不回头，绝不放弃。

在我决定将演说作为我的毕生事业的时候，当我面对我的听众和学员的时候，我会完全地做回我自己，我的所说所想都是源自于我的内心，更是我思想的一部分。我不会试图自作聪明地去模仿，我只是在不断地学习。

我是一名演说家，也是一名演说培训师，所以我时刻都在告诉自己："演说是我一生的事业，我会用自己的坚持换来事业的成功。"这是因为我的坚持，我的每一场演说都会受到听众的喜爱和回应，而我个人也将自己的生活和事业合二为一。在生活中，我保持着精力充沛、充满活力的最佳状态，而我的最佳状态就是要为我的演说做好万全的准备，这是我生活和工作的良性循环。

当我在面对听众的时候，我保持着一颗最真诚的心和最快乐的表情。我相信每一个人都是这个世界上独一无二的，我也有我的独特之处。所以，我用自己的语言风格、肢体动作、身体姿态来进行我自己的演说。我同样相信我的听众会对如此独特的演说家报以最真诚的掌声和最良好的认同。

演说事业之所以能吸引这么多有识之士的加入，正是因为演说具有别的行业无法比拟的魅力。只有你曾经了解过演说、从事过演说，你才会将演说作为你的终生职业，因为你会发现你根本就离不开演说。实际上，无论你现在从事的是何种职业，你都会为演说而着迷。或许你不会成为一名专业的演说家，但是演说也同样会成为你的终生职业，因为演说与我们的事业成功是无法分割的。

演说是我一生的事业，因为演说能创造成功的机会，能创造财富，演说更能让我们成为一个对社会有帮助、有贡献的人。然而，我们需要拿出全部的勇气和信心来面对演说事业中的困难、矛盾、迷茫、挫折。我们必须用坚持不懈的精神来克服这些不利因素，用坚持到底的信念来直面这些不利因素。要相信，我们的努力和坚持终会迎来演说事业的成功，让我们有一天可以踏上世界的演说台，面对世界发出属于自己的声音。